上善书系

凌云集

培养拔尖创新人才

朱华伟 著

中国人民大学出版社
·北京·

图书在版编目（CIP）数据

凌云集：培养拔尖创新人才 / 朱华伟著. -- 北京：
中国人民大学出版社，2025.1. --（上善书系）.
ISBN 978-7-300-33555-1

Ⅰ. G632.0-53

中国国家版本馆 CIP 数据核字第 20243PS846 号

上善书系
凌云集：培养拔尖创新人才
朱华伟　著
Lingyunji：Peiyang Bajian Chuangxin Rencai

出版发行	中国人民大学出版社		
社　　址	北京中关村大街 31 号	邮政编码	100080
电　　话	010-62511242（总编室）	010-62511770（质管部）	
	010-82501766（邮购部）	010-62514148（门市部）	
	010-62511173（发行公司）	010-62515275（盗版举报）	
网　　址	http://www.crup.com.cn		
经　　销	新华书店		
印　　刷	中煤（北京）印务有限公司		
开　　本	720 mm×1000 mm　1/16	版　次	2025 年 1 月第 1 版
印　　张	15 插页 1	印　次	2025 年 9 月第 2 次印刷
字　　数	175 000	定　价	56.00 元

版权所有　　侵权必究　　印装差错　　负责调换

前言

杜荀鹤《小松》有言："时人不识凌云木,直待凌云始道高。"伟大的新时代急切呼唤拔尖创新人才,拔尖创新人才的识别与培养,是国之大计、党之大计。党的二十大报告明确提出,"全面提高人才自主培养质量,着力造就拔尖创新人才,聚天下英才而用之"。

"子规夜半犹啼血,不信东风唤不回。"(王令《送春》)为拔尖创新人才的早期发现和培养鼓与呼,是我一直以来的不懈追求和执着坚守。

2013年,在华南师范大学附属中学广东奥校成立二十周年之际,受吴颖民老校长之邀,我做了一场主题为《拔尖创新人才早期培养的思考与实践》的演讲。自此之后的十余年来,我围绕拔尖创新人才培养在全国各地演讲50余场,呼吁重视并加强英才教育,探索贯穿各级各类教育的拔尖创新人才培养途径,满足不同潜质学生的发展需要。

2017年1月,我就任深圳中学校长,同年11月在深中建校70周年纪念活动上提出"建设中国特色世界一流高中,培养具有中华底蕴和国际视野的拔尖创新人才"。自此以后,我带领深中全面推进世界一流高中建设、深入探索拔尖创新人才早期培养,与著名大学、企业共建或升级23个创新实验室和创新体验中心;在各级各类平台发文发声，全力为拔尖创新人才早期发现和培养献言建策。

2018年，以"拔尖创新人才培养的中学责任与担当"为主题，在《中国教育报》"名校长专栏"先后发表五篇文章——《拔尖创新人才培养应始于基础教育》《以多元课程建设提升人才培养质量》《以优质创新资源为学生成长赋能》《有一流师资才有学生卓越发展》《追求一流目标 提升国际教育水平》，较全面地阐述了深中围绕拔尖创新人才培养的教育理念与实践；在上海中学举办的全国高中教育发展论坛发表演讲《融合创新课程资源 为学生成长赋能》，提出"为拔尖创新人才发展营造良好生态"。

2019年，在《人民日报》发表《构建一流的创新教育氛围》，呼吁为拔尖创新人才成长厚植沃土；在时任省长马兴瑞主持召开的广东省教育座谈会上提出"重视并加强基础教育阶段的数学、物理教育迫在眉睫，尤其是对于数学、物理拔尖人才的早期识别和培养，给予这些好苗子一个适合的特殊的成长机会至关重要"；申报《培养拔尖创新人才的深圳中学课程改革实践》项目，获广东省教育教学成果奖一等奖；在中国人民大学附属中学举办的全国高中教育发展论坛发表演讲《面向未来 科技如何推进真实的教育》，提出"以科技创新力量赋能拔尖创新人才培养"。

2020年，向广东省政协提交《关于提高人才与产业匹配度及探索人才培养模式改革的提案》，提出"创建一批促进创新人才培养的实验基地……探索拔尖创新人才早期培养的办学机制、课程设置、教学途径、学习管理与综合评价办法"；在《中小学管理》杂志发表《大德为先 大美至美：拔尖创新人才的德育探索》，提出"拔尖创新人才培养要重视弘扬爱国精神，涵养家国情怀"。

2021年，向深圳市政协提交《关于拔尖创新人才培养的提案》，提出"培养拔尖创新人才，一定要从小抓起、从基础教育抓起"；向国务院发展研究中心课题组调研会汇报并提交报告《深圳中学关于拔尖创新人才早期发现与培养的建议》；在深圳市政府常务会议上，参加讨论《深圳市"教育部基础教育综合改革实验区"行动方案（2021—2025年）》，呼吁"先行试点推动拔尖人才培育模式改革，探索拔尖创新人才贯通培养"；在深圳市政府常务会议上针对"破解关键核心技术'卡脖子'难题，实现科技自立自强"提建议："在中国特色社会主义先行示范区深圳进行大胆试验，传承因材施教这一中华民族千锤百炼的教育思想，实事求是、不拘一格，尊重差异性、摒弃一刀切，培养拔尖创新人才"。

2022年，在中国教育科学研究院组织的调研会上提出"探索拔尖人才的小学、中学、大学贯通式培养新模式，在基础教育阶段建构一个符合人才成长规律，并与高等教育接轨的完整教育链"；在《创新人才教育》杂志发表《拔尖创新人才早期发现和选拔培养机制探索》，呼吁"全面优化创新人才早期培养生态，培养具有原始创新能力和颠覆式创新能力的杰出人才，为人民谋幸福，为国家谋复兴"，被中小学校长论坛官微转发；在《基础教育课程》杂志发表《培养创新人才的深圳中学课程改革实践与思考》，被《人民教育》杂志和中国教育学会官微转发；在《人民教育》杂志发表《高中要为造就拔尖创新人才营造良好生态》，倡议"全面提高人才自主培养质量，着力造就拔尖创新人才，为实现中华民族伟大复兴的中国梦贡献力量"；梳理、总结、提炼深中近三十年课改实践经验，《普通高中拔尖创新人才早期培养的课程改革实践》项目获2022年基础教育国家级教学成果奖二等奖。

教育归根结底是人的教育，每个人在接受教育过程中的深层诉求，一定是尊重其多元和差异，培植使杰出人才"冒"出来的适宜土壤至关重要。这本书呈现的文章就是我多年来围绕拔尖创新人才培养在各个场合发表的演讲和论文。

  本书的出版得益于我的师长、同仁、朋友和家人多年以来的鼓励、支持和帮助。感谢覃伟中市长鼓励我将多年从事教育事业的经验和思考结集成书，感谢深中各位师生、校友、家长以及关心关爱深中发展的各界人士，感谢为这本书贡献智慧和力量的深中同仁，感谢我的家人一直以来的无条件的支持和付出，因为有你们，才有了今天的这本书。同时，本书若有疏漏之处，敬请读者不吝赐教。

朱华伟

2024 年 11 月 18 日

目录 CONTENTS

第一辑　仰之弥高　钻之弥坚

1-1　拔尖创新人才培养的中学责任与担当 ……………………… 2

1-2　构建一流的创新教育氛围 …………………………………… 14

1-3　大德为先，大美至美：拔尖创新人才培养的德育探索 …… 16

1-4　拔尖创新人才早期发现和选拔培养机制探索 ……………… 26

1-5　培养拔尖创新人才的深圳中学课程改革实践与思考 ……… 36

1-6　为学生搭建多元发展立交桥，让每个孩子都有出彩机会

　　　——在国际物理、化学奥林匹克金牌选手经验交流

　　　　座谈会上的致辞 ……………………………………… 49

1-7　上善之教若水

　　　——在国际数学奥林匹克金牌选手经验交流

　　　　座谈会上的致辞 ……………………………………… 53

1-8　仰之弥高，钻之弥坚

　　　——在国际数学、化学奥林匹克金牌选手经验交流

　　　　座谈会上的致辞 ……………………………………… 58

1-9　坚定信心，稳执牛耳

　　　——在2022年高考数学考试结束后的动员讲话 ……… 64

1-10	人生道路漫长，紧要处只有几步
	——在寒假看望2024届高三学生自习时的勉励讲话 …… 67
1-11	拓展国际视野，开创教育未来
	——在哈佛HSYLC峰会开幕式上的致辞 …………… 69

第二辑　创新教育　面向未来

2-1	深圳中学：为创新培养设一个"文凭" …………… 74
2-2	融合创新课程资源，为学生成长赋能
	——在2018年高中教育发展论坛上的演讲 ………… 78
2-3	面向未来，科技如何推进真实的教育
	——在2019年高中教育发展论坛上的演讲 ………… 87
2-4	科技改变教育
	——在2017年中美K12国际学校应用信息技术支持教学研讨会开幕式上的致辞 ……………………… 93
2-5	未来人人都将是创客
	——在深圳中学初中部第三届创客节上的致辞 …… 97
2-6	强国创新路，筑梦青春时
	——《深圳中学科创赛事指导手册》校长寄语 …… 100
2-7	讲好"实践育人"这一课
	——深圳中学综合实践课程机制和教学体系 ……… 103
2-8	生涯指导：走好兴趣与职业平衡木 …………… 112
2-9	从时间管理入手推动"五项管理"落地 ……… 118
2-10	深化体教融合　培养"运动达人" ……………… 121

2-11	逐梦金秋，冠军同行
	——在奥运冠军进校园活动上的致辞 ·················· 125

第三辑　融合资源　赋能发展

3-1	自强成就卓越，创新塑造未来
	——在"清华大学基础学科拔尖创新人才大学中学衔接培养基地"授牌仪式上的致辞 ·················· 129
3-2	科学之巅的光芒最为耀眼
	——在清华大学求真书院"求真游目讲座"上的致辞 ··· 132
3-3	发展科学志趣，培养创新精神
	——在清华大学朱邦芬院士工作站揭牌仪式上的致辞 ··· 135
3-4	文化是创新的灵魂
	——在北京大学2022年全国首封录取通知书颁发仪式上的致辞 ·················· 138
3-5	携手探索星空
	——在北京大学天文创新实验室签约揭牌仪式上的致辞 ····· 141
3-6	为培养青少年科创人才共同努力
	——在南京大学创新实验室签约揭牌仪式上的致辞 ··· 144
3-7	于道各努力，千里自同风
	——在哈工大-深中战略合作暨哈工大-深中创新实验班揭牌仪式上的致辞 ·················· 148
3-8	在北京理工大学深中优秀生源基地牌匾颁发仪式暨体育育人合作框架协议签约仪式上的致辞 ·················· 150

3-9	中西交融，共谋发展
	——在与普林斯顿国际数理学校缔结友好学校云签约仪式上的致辞 ………… 153
3-10	深港共融，同心筑梦
	——在首届深港教育融合创新研讨会上的主持词 …… 156

附　录

附录1	培养拔尖创新人才的深圳中学课程改革实践成果报告 …… 161
附录2	深圳中学开展超常儿童教育情况报告 …………………… 174
附录3	多元融合的高中科学教育探索与实践成果报告 ………… 194
附录4	创新教育结硕果　这个深圳中学生获丘成桐中学科学奖全球总冠军 …………………………………………………… 219
附录5	深圳中学探索创新教育新路径 …………………………… 223
附录6	巴黎奥运会花泳冠军"姐妹花"做客深中对话学子 …… 229

第一辑

仰之弥高　钻之弥坚

科技竞争归根结底是人才的竞争，人才竞争归根结底是拔尖创新人才教育水平之间的竞争。伟大的新时代急切呼唤拔尖创新人才，而我们如今的教育为什么培养不出世界级的顶尖杰出人才？教育归根结底是人的教育，每个人在接受教育过程中的深层诉求，一定是尊重其多元和差异。培植使杰出人才"冒"出来的适宜土壤至关重要：解放思想，营造开放包容的良好生态；尊重差异，建立科学规范的甄选体系；因材施教，精准匹配高端的师资课程；一体联动，实现大中小学贯通式培养；"君子不器"，立足成人成才的发展目标。

1-1

拔尖创新人才培养的中学责任与担当

拔尖创新人才培养应始于基础教育

20世纪末，就有教育思想家提出，50年间我们培养了不少合格人才，但也压制了一些拔尖人才，不少有才华的学生被扼杀在摇篮里了，特别是那些奇才、偏才。一个原因，就是我们把全面发展与个性发展对立了起来。

近十几年来，我国各大高校在拔尖创新人才培养方面持续发力，诸多高等教育领域的"拔尖计划"应运而生，如北京大学的"元培学院"、清华大学的"清华学堂人才培养计划"、浙江大学的"竺可桢学院"等。那么，拔尖创新人才的培养是从大学才开始的吗？答案是否定的。从教育科学的角度，拔尖创新人才所必备的许多重要素质、条件是在基础教育中培养和发展出来的，但这一点长期以来并未受到应有的重视。在初、高中阶段，我们就应该积极探索培养拔尖创新人才的机制和模式，发现、孕育并系统培养人才苗子，建构一个符合人才成长规律，并与高等教育接轨的完整教育链。

基于对教育现状和国内外发展趋势的考虑，国务院在21世纪初审议通过的《国家中长期教育改革和发展规划纲要（2010—2020年）》中就明确提出，"探索多种培养方式，形成各类人才辈出、拔尖创新人才不断涌现的局面"，"推动普通高中多样化发展"，"满足不同潜质学生的发展需要。探索发现和培养创新人才的途径"。

2017年，我们与华为合作设立"深圳中学-华为特殊人才奖"，在初、高中阶段发掘并资助那些在基础科学领域有特殊专长的天才、偏才、怪才，进一步加强拔尖创新人才的培养，助力他们成长为国家栋梁之材。华为是我非常敬重的民族企业，任正非是我十分崇敬的企业家。关于"如何让奇才、怪才一展所长"，他曾提出"歪瓜裂枣"理论："枣是裂的最甜，瓜是歪的最甜，他们虽然不被大家看好，但我们从战略眼光上看好这些人。"这正是他十分重视拔尖创新人才的表现。

总而言之，我们不能把高考视作唯一的"指挥棒"，要切实根据学生的需要和特长设计教育模式。其实我们倒过来分析同样成立：如果我们的孩子在某一方面表现特别突出，难道未来会没有好的发展吗？我一直不赞成把"木桶理论"简单地类比到人的身上，这样的比喻只是一个猜想，而不是科学的命题；我们生活中很多"最短的板"并不是一个人生存所必需，因此没必要花费本来就有限的时间统统补起来。现代社会非常需要我们在兼顾学生综合素养的前提下，争取把"长板"做长，这样他们未来自然而然会在擅长的领域中脱颖而出，从而最终有所成就。

2017年11月18日，在深圳中学建校70周年之际，我们立足学校发展的坚实基础，发扬"追求卓越、敢为人先"的精神传统，践行习近平新时代中国特色社会主义的教育使命，向社会正式宣告：建设中国特色世界一流高中，培养具有中华底蕴和国际视野的拔尖创新人才，这正是深中对拔尖创新人才培养的责任与担当。

——本文刊发于《中国教育报》2018年6月6日第7版

以多元课程建设提升人才培养质量

课程改革是整体教育改革的先导，一流的课程建设是深圳中学建设世界一流高中的核心竞争力。从 2004 年开始，深中本着"以学生为中心"的教育理念，以课程改革为抓手，不断推动拔尖创新人才培养模式的深度改革，努力提高教学水平和人才培养质量。

深中的课程建设有着自己的内在逻辑——遵照"学校按需施教、学生按需选学"的课程观，学校以"标准课程体系""实验课程体系""荣誉课程体系"为三大支柱，构建了独具特色的深中课程谱系；三者分别具有其鲜明的体系定位、课程设置、教学方式、管理模式等，供不同需求、不同特质的学生自主选择，旨在促进每一位学生的充分发展，"让优秀者更优秀，让平凡者不平凡"。

标准课程体系：深中标准　精益求精

标准课程体系以"学术型、标准化、有效性"见长，注重学生的研究能力和学科素养的培养，其核心理念是"深中标准、精益求精"，目标在于培养具有良好个人修养和家国情怀，懂礼仪、有修养、尊重他人、尊重自然的深中学子。

标准体系比较有特色的管理模式是"预警制"和"同伴教育制"。

预警制，致力于精准帮扶。学校聘请了有丰富教育教学经验的教师担任跟踪教师，协助班主任帮助学生解决诸如生涯规划、学习困难、心理困惑等问题，必要时帮助学生与各任课教师沟通，实现对学生的精准指导。

同伴教育制，致力于精英引领。学校培养了一批包括学长团、朋辈社团等在内的有号召力和影响力的卓越学生组织，引导学生自治自律、民主参与，促进学生的自我教育和自我成长。

实验课程体系：独立自主　合作创造

实验课程体系分为高考方向和出国方向，其核心理念是"独立自主、合作创造"，致力于培养具有中华文化底蕴、通晓国际规则、具备国际视野、理解跨文化交流的"深度探究者、专注笃行者、积极创造者"。

实验课程体系分别为高考和出国两个方向的学生提供丰富的课程选择和众多国际高端学术活动。实验课程体系开设的特色课程包括国际素养课程、全球网络课程、自我成长课程、领导力课程、体育健康课程、研究实践课程六大门类。数学和英语学科实施分层教学，实行导师制管理模式，以满足各类学生的不同需求。

近年来，实验课程体系在总结前期课程改革成果的基础上，借鉴国际优质教育的有益经验，引入互联网+技术，立足全球化合作教育方向，为学生提供独特而有生命活力的学习经历和体验机会，既着眼于学生升入优质大学，更为未来幸福美满的人生奠定基础。

荣誉课程体系：科学自由　动脑动手

荣誉课程体系以学科竞赛、科技创新等荣誉课程为核心，倡导"科学自由、动脑动手"的体系文化，以深度校本化的体系特色课程为基础，引领资优理科倾向学生深度学习和实践创新，培养未来社会理工科高层次人才。

荣誉课程体系在学校"本校的课程"谱系下，根据荣誉课程体系定位，对原"基础学术课程"和"深中文凭课程"进行体系特色化改造，形成切合资优学生特点及选择需要的"体系基础课程"和"体系荣誉课程"两大系列。

"体系基础课程"以学生必修课程为主,包含语文、数学、英语等14门学科在内的校本化国家必修课程和体系特色必修课程、选修课程;"体系荣誉课程"包含国家必修课程(荣誉)、学科竞赛课程、中国大学先修课程(AC)、自主招生课程(数学、物理)、高端学术活动课程五大类别。

体系推行"全员德育模式"。高考方向学生实行导师制管理,每位导师管理20名学生,所有任课教师均为导师;出国方向学生实施"班主任+升学指导"的管理模式。

深圳中学有着与深圳相符的敢为人先的精神气质,有着与世界相通的开放包容心态。这里有一切为了学生,遵循教育规律的教育方式和适合不同学生发展的课程体系,尊重个性、主动发展、追求卓越。在这里,每个人都可以做出自己的选择,可以构想未来的形状,追逐自己的梦想;每个孩子的身份从单一的"学生"不断变得多元,并逐渐成长为最优秀的自己。

——本文刊发于《中国教育报》2018年6月27日第7版

以优质创新教育资源为学生成长赋能

2018年5月28日,我校初中部第四届创客节如期开幕,八辆智能机器人坦克按规定路径喷洒着烟花,6台无人机按品字形编队在坦克上空飞行,与坦克方阵组成队列缓缓地经过主席台……一系列完美的表演和展示赢得在场观众的热烈掌声。

自2014年初中部诞生第一个创客空间——星火创客空间以来,我校举办了四届创客节和一届创客展。创客文化、创新思潮在校园里不断扩散蔓延,学校逐渐形成了人人有创新、个个出创意、动手与动脑紧密融合的学习氛围。

创客节现场学生体验智慧搭建

　　创客教育的蓬勃发展是深中多年来探索创新教育改革的生动写照。

　　创新就是生产力，国家发展需要创新人才，学生成才需要创新教育。在2012年建校65周年之际，学校借助有利的地缘条件和校友优势，与全国知名企业联合创办了7个创新体验中心。随后我们一边摸索一边前行，不断充实和丰富创新教育资源——截至目前，学校已与腾讯、华为、大疆、科大讯飞等知名企业共建11所创新体验中心；与中国科学技术大学、香港中文大学（深圳）、深圳大学、加拿大阿尔伯塔大学等高校共建4个创新实验室。

　　丰富多元的平台不仅拓展了学生的学习空间，为教师提供了高端的专业发展平台，为学校创新教育教学提供场地和专业设备支持，而且汇集了各领域的专业人员参与校本课程设计开发，进行学术讲座分享，指导创新教育实践和课题研究活动等，进而培养了师生的学术素养和专业精神。

以课程建设为例，在确保贯彻落实和积极调适国家课程的基础上，我们与大学和企业深度合作，共同开发了以"项目式学习（Project-Based Learning，PBL）"为主要模式，以工程和技术为核心，结合信息技术、数学、物理、生物、化学、政治等学科的校本系列 STEAM 课程——3D 设计与打印、建筑创客、走进核电站、Arduino 应用设计、多轴飞行器应用、智能机器人等。

将实验室建设与课程建设深度融合，不仅促使学生主动进行创造性探究，不断地提出假设、验证假设，而且促进了学生在学科核心素养方向的提高。STEAM 教学、竞赛活动、项目探究、课题研究等教学形态，注重跨学科整合，强调动手实践，突出了思维认知体系和学习方法优化，充分体现出优质创新教育资源的供给对学生的赋能。更重要的一点是，参与创新实践的过程给学生的情感与情绪带来了丰富的体验。正如朱熹强调"格物致知"，王阳明坚持"事上磨"，教师除了引导学生实践以外，更注重的是情感意志品质的熏陶与陶冶，有了情感的投入，才能有内生的动力，从而达到知行合一，这些正是创新最宝贵的品质。

陶行知先生说："教育不能创造什么，但它能启发儿童创造力以从事于创造工作。"中小学创新教育的根本价值不是培养专门的创新人才，而是培养学生的主动探索精神、批判性思维能力、合作研究能力等，让孩子们了解科学研究、技术制作、艺术创作的全过程，让广大师生更加主动、更有创意地投入到校园生活，从而形成一种健康向上、勇于创新的校园生态文化。

——本文刊发于《中国教育报》2018 年 7 月 4 日第 7 版

有一流师资才有学生卓越发展

学校之大,不在大楼之大,而在大师之大。我校近年来一直努力引进和培育一批高学历、高专业水平的优秀师资团队,为学生的卓越发展领航,为学校的可持续发展奠定坚实基础。然而在这个过程中,我们也面临着一些难题:教师的待遇在行业领域里不具备竞争力、教师地位有待提高,等等。出现这样的问题,在一定程度上也说明了目前基础教育在优秀人才引进方面的确做得还不够,一些"瓶颈"还难以突破。

"基础教育是中国教育的基础,教师是基础的基础。"教师的工作关系到下一代的成长,关系到国家民族的未来。正如著名教育家梅贻琦先生提出的"从游说"——学校犹水,师生犹鱼;大鱼前导,小鱼尾随。在如今的现实情况下,如何加强基础教育教师队伍建设,吸引更多的"大鱼"来从事基础教育工作?我认为有两个着力点:一是提高教师物质待遇,二是保障教师价值实现。

一方面,用高薪和其他福利待遇吸引高水平人才投身基础教育事业,让最优秀的人教育下一代,培养出更优秀的人。目前中小学教师待遇偏低依然是不争的现实,长期下去,基础教育将成为"价值洼地",于国于民都不利。切实改善教师待遇和工作条件迫在眉睫,我们应当争取让每位教师都能不为物价和房价所困,让每位教师都能更加体面地教书,让每位教师都能静心育人,潜心研究,享受教育生活。

另一方面,要在高端学术和一线教学之间搭建桥梁,让教师"在岗位上有幸福感,在事业上有成就感,在社会上有荣誉感"。只有一流的师资是不够的,还需要有适合一流师资发挥作用的软环境、软机制,因此要打通高学历高水平教师的发展通道,才会吸引和留住更多的优秀人才。以我校为例，近几年新入职的教师大多都是国内外著名高校的硕士和博士，他们一般都具有扎实的研究功底和能力。学校的任务是真正挖掘和释放每位教师的专业学术力量，让他们在三尺讲台一展研究所长，有所建树，成就感自然而来。

正如教育部部长陈宝生所说，"提高教师地位和待遇，使用他们，压担子，指路子，出点子，给位子，发票子，让他们能有实现自身价值的机会"，才能让教师成为令人羡慕的职业。除此之外，师范教育是为基础教育输送一线教师的主要渠道，因此一定要把好师范教育的源头关。在对师范生的培育过程中应兼顾学术性与师范性，处理好理论与实践的关系。教师角色的特殊性决定了高校师范专业的教育不能仅仅局限于"听"中学，更多的应该是在"做"中学；在汲取理论知识的同时，注重积累教育经验。另外，师范教育绝不应单纯解决"教什么"的问题，而更多的是探索"怎么教"的问题。因此，教学设计与教学技能培训、教学反思体验、教学问题研究等相关训练都至关重要。

兴校之道，始于人才，广大教师无疑是教育事业中的"灵魂人物"。因此我们要以识才的慧眼、爱才的诚意、用才的胆识、容才的雅量、聚才的良方，广开进贤之路，把各类优秀人才吸引到基础教育教师队伍中来。我们理应优先改善教师的各项待遇，让教师职业成为优秀青年的向往，用最优秀的人去培养更优秀的人。

——本文刊发于《中国教育报》2018年7月11日第7版

追求一流目标　提升国际教育水平

在建校 70 周年之际，深圳中学以"中学教育，大学格局"为愿景，提出了"建设中国特色世界一流高中"的办学定位。

又是一个毕业季。在 2018 年海外录取难度激增的背景下，深中学子被美国、英国名校录取的人数可观，依然保持了极强的竞争力。深中的国际教育水平缘何受到众多世界顶尖名校的认可？这与学校清晰的育人目标、系统的课程设置、和谐的教育生态等方面有着密不可分的关系。

第一，育人目标是灵魂。深圳中学致力于培养具有中华底蕴和国际视野的拔尖创新人才，"中华底蕴"是本、是根。我们希望培养出的学生在认识世界的过程中，更能增进对自己国家的理解；在未来融入世界浪潮的同时，不忘坚守民族精神和家国情怀。

那么，在国际教育中该如何提高学生文化素养、增强文化底蕴？以语文教学为例，在完成国家必修内容基础上，课堂中会补充《论语》《老子》《大学》《中庸》等国学经典篇目，修身明礼、砥砺品行，继而从《诗经》《楚辞》和汉乐府，到唐诗、宋词、各朝文。在古人或古拙或绮丽的语言中，在"仰观宇宙之大，俯察品类之盛"的智慧中濡养熏陶，培养学生的审美鉴赏能力和古诗词创作能力；在汲取人类文化精髓的同时，使学生能够继承和弘扬中华传统文化中优秀的价值观。

第二，课程建设是核心。在严格落实国家课程的基础上，学校开设了涵盖语言、科学、数学、社会科学、人文科学、艺术等多个类别的 19 门与大学一年级水平相当的 AP 课程，每名学生每学年可以根据自己的兴趣和特长从以上课程中选择 3～6 门来学习。

同时，学校开设的戏剧、公共演讲、辩论、游学实践课程、网络远程课程、全球化 STEAM 合作课程等众多校本课程是深中国际教育的一个特色。在游学实践课程中，学生会前往欧洲等地开展诸如"重走文艺复兴之路"的深度文化探寻之旅；在全球化 STEAM 合作课程中，学校物理、英语、地理、生物等科组老师以 iEARN 国际教育资源网络为平台，与国外师生共同开发设计"太阳能灶项目""EFL 青少年之声项目""土壤多样性研究项目""红树林项目"等多个学习项目。学生以小组的形式进行探究学习，并定期与国外师生进行远程交流互动，进而在跨文化融合的学习过程中，解决了生活中的真实问题，提升了科学探究能力、信息技术的运用水平和全球胜任力。

第三，教育生态是关键。 学生的健康成长离不开校内外各种教育资源有机构成的和谐教育生态。一方面，深中校内丰富的社团活动为学生提供了充分发展自我的平台。目前学校初中部和高中部共有社团 100 多个，涵盖社科类、科技类、公益类、艺术类等 8 个类别，其中深圳中学模拟联合国协会（深中模联）和先锋中学生国际联盟峰会具有广泛的影响力。自 2010 年起深中模联已连续 9 年举办泛珠三角高中生模拟联合国大会，每年均有数十所学校、数百名代表参加会议，他们围绕时事热点、国际关系等相关主题探讨交流，互学互鉴共成长。

另一方面，学校不仅引导学生充分利用世界知名大学夏令营、先锋学术（Pioneer Academics）项目等国际教育资源，而且为学生搭建了丰富多样的高端学术活动平台，例如国际青年物理学家竞赛（IYPT）、美国青年物理学家邀请赛（USIYPT）、美国学术十项全能（USAD）、美国高中学生数学建模竞赛等，学生在众多学术活动中，表现出了扎实的学术研究能力、创新能力——2018

年有 3 人入选国际物理和化学奥林匹克中国国家队（全国共 9 人）；2012 年、2016 年两次荣获 USIYPT 全球年度总冠军；2011 年、2012 年两次赴美国参加麻省理工学院发明创新展。

2015 年我校刘睿豪、梁燕同学荣获国际青年物理学家竞赛（IYPT）金牌

最后，同辈的示范引领在学生的发展中也起到了重要的作用。每年高三的学长学姐会以小组形式组成同辈辅导团队，向高一高二的学弟学妹分享选课、夏校、文书、活动等方面的心得体会，这体现了深中优良校园文化的传承。

——本文刊发于《中国教育报》2018 年 8 月 29 日第 6 版

1–2

构建一流的创新教育氛围

创新是推动人类历史发展进步的核心动力，是实现人生发展成就和幸福的核心能力。培育创新型科技人才如今已经是国家战略，习近平总书记在中国科学院第十七次院士大会、中国工程院第十二次院士大会上的讲话中指出"创新战略竞争在综合国力竞争中的地位日益重要"，提出"在创新实践中发现人才、在创新活动中培育人才、在创新事业中凝聚人才"。作为以世界一流高中为目标的深中，培养拔尖创新人才自然重任在肩。

在2018年的全国教育大会上，培养学生们的综合素质和创新思维，成为大家关注的焦点之一。国家发展需要创新人才，学生成才需要创新教育，可以说，创新也是生产力。不过，培养创新型人才不只是大学的事，培育创新思维的基因需要从小学、中学时代就开始。

很多时候，创新教育走的是一条前人未走过的道路，本身就需要创新，尤其要在制度上给予充分的保障。例如，深圳中学设计并实施了以标准、实验、荣誉为主体的三大课程体系，供不同需求、不同特质的学生入校时自主选择，并与腾讯、华为等企业共建了10个创新体验中心，与中国科学技术大学、深圳大学、加拿大阿尔伯塔大学等高校共建创新体验式教育平台。

单一的评价标准容易导致千人一面。因此，改革学生评价体系，为创新培养设"文凭"，学生可以通过校外学习、网络学习、国际交换学习等方式换取或免听部分相关课程以获得学分，"会了

华为创新体验中心

的不用学、感兴趣的可多学、研究性的深度学"。我们还大胆改革入口端，和华为合作设立"深圳中学-华为特殊人才奖"，已破格录取两名总分不够格、却有特殊专长的偏才，并实施有针对性的培养计划，促进创新人才的成长。

构建一流的创新教育氛围，种下创新思维、培厚创新土层，应当是一流中学的共同特质。

——本文刊发于《人民日报》2019年1月3日第16版

1-3

大德为先，大美至美：
拔尖创新人才培养的德育探索

为了回答"培养什么人、怎样培养人、为谁培养人"这一教育发展的根本问题，广东省深圳中学在建校 70 周年之际，提出了"建设中国特色世界一流高中"的办学定位和"培养具有中华底蕴和国际视野的拔尖创新人才"的培养目标。育人之本，在于立德铸魂。围绕学校的办学定位和培养目标，深圳中学始终坚持把青少年精神文明建设放在学校工作的顶层设计中，秉承"价值引领、尊重个性、主动发展、多元融合、追求卓越"的育人理念，不断建立健全德育工作的组织架构，努力践行"大美至美"的德育观，坚持理论与实践相结合的知行合一路径，逐渐开发和完善了以实践活动为基础，以核心素养教育为主线的课程体系、活动体系和评价体系，构建了高品质学校的现代德育体系。

一、重视德育的思政性：立德树人，优先价值引领

"弘扬爱国精神，涵养家国情怀"是深圳中学德育实践的重要主题。无论是通过开展主题集会、主题班会等形式实现课程育人，还是通过组织开展丰富多彩的校内外活动实现活动育人，学校始终注重对学生进行价值引领，从而将立德树人落在实处。

（一）让活动"入心"，在真实场景中激发学生家国情怀

脱离具体情境的教育，往往是低效甚至无效的。我们通过多

种方式，让学生身临其境，在事件发生的"现场"，去真实了解和感受中华民族和革命先烈的艰辛与伟大。例如，自 2007 年以来，学校每年组织学生前往江西和湖南开展为期一周的社会实践活动。在江西井冈山的线路中，学校根据当地的历史、地理、教育等情况，设计了不同的体验项目，包括参观井冈山革命圣地、学习革命先烈的英雄事迹、参观革命烈士博物馆等，充分利用爱国主义教育基地开展革命传统教育。在湖南线路的社会实践活动中，学生参观毛泽东故居，了解伟人功绩，缅怀革命先烈；走进湖南省博物馆，感受中华民族历史文化的源远流长与博大精深。学校通过开展"红色历史教育"活动，引导学生深入了解中国革命史、中国共产党史、改革开放史和社会主义发展史，激励他们继承革命传统，传承红色基因。

高一井冈山线路社会实践合影

(二)与学生共情,真诚分享师长自己的政治理解

现在的青少年,尤其是这一代越来越有自己的独立思考的青少年,不只要看前人和"外人"如何做,更愿意关注身边人的想法和行为。作为校长的我,更愿意借助各种场合与学生交流自己的真实想法。例如,2019年,在学校庆祝新中国成立70周年集会上,我带领全校师生合唱《我和我的祖国》,并做了《使命在途,永葆初心》的主题演讲,寄语深圳中学的孩子们要"将饱满的爱国情怀注入振兴中华的民族使命中,勇于担当、敢于创新,成为具有家国情怀和世界眼光的建设者和接班人"。2020年初,全国因新冠疫情推迟开学。在2月10日学校面向社会开放的首日线上直播教学中,我向全国师生分享了深圳中学德育第一课《中国脊梁,民族希望》,勉励中学生:"不畏艰难,敢为人先,成为未来中国的希望和脊梁。"我在直播课中勉励教师:"少年强则国强,我们每一位教育人要明确自己肩上的使命和担当,为祖国未来发展培养自己的国之栋梁。"

朱华伟校长在庆祝新中国成立70周年集会上领唱《我和我的祖国》

二、保证德育的开放性：各美其美，构建丰富课程

在学校教育中，德育不是独立存在的，而是学校整体教学的有机组成部分。深圳中学通过构建多元的课程体系，实施以学生为中心的教学结构，以全方位学科渗透的方式开展德育，潜移默化地培养学生良好的心理素质和健全的人格。

（一）开展研究性学习，在社会参与中培养学生社会责任感

在课程建设上，学校坚持以"按需选学"作为课程实施的基本原则，开设了涵盖三大板块、28个课程群的360多门校本选修课程，为学生搭建多元发展的立交桥。其中，研究性学习是"社会参与"板块中重要的德育课程之一。该课程的实施不是以教师为中心的"目标·达成·测试"式教学结构，而是以学生为中心的"主题·探索·表现"式教学结构，以学生感兴趣且有价值的研究问题为依托，引导学生从自然、社会等角度关注社会现实，培养学生的社会责任感。

学生获得充分的选择空间后，他们的选题常常富有创意且贴近日常生活。例如，深圳是一个沿海城市，每当台风来袭，城市道路就会积水为患。由于缺乏有效且实时的道路积水信息，深圳市民的出行非常不便。对此，深圳中学学生采用问卷调查、实地考察、专家访谈、数学建模等多种研究方法，开展了一项"如何提升由强降水导致的道路积水内涝问题的预防与反应能力"的课题研究，在初步探明城市内涝预警系统存在的问题、了解市民对道路积水预警系统需求的基础上，研发了相应的微信小程序供市民使用。他们惊人的创造力和思维能力也获得了中国大智汇创新研究挑战赛（China Thinks Big，CTB）的高度认可。该项目的综

合评分进入 CTB 2019—2020 年度全球排名前 5％。

（二）实施学科渗透，潜移默化滋养学生精神世界

学科渗透也是德育的重要方式之一。我们在语文、数学、历史、英语、政治等学科中融入德育元素，以"润物细无声"的方式，滋养学生的精神世界。例如，2019 年历史学科组设计了"吉金铸史"青铜冶炼与铸造实验课程。"国之大事，在祀与戎。"青铜器不仅是工具，更是礼仪、秩序的象征。青铜器的纹样与铭文，体现的是思想、艺术与文化；而青铜器的铸造则体现了古代的手工业技术。在整个课程活动中，历史文化问题、技术问题与科学问题交错其间。通过重现青铜器的冶炼、铸造过程，学生们体会到了中国文化的连续性和韧性，对古代历史文化有了更深刻的理解，也深刻意识到科学技术与材料科学对人类文明进步的巨大作用。

三、尊重德育的主体性：美人之美，促进主动发展

在德育实施过程中，学生的主体地位应该得到充分的尊重和彰显，只有鼓励学生主动发展，学生的主观能动性和创造力才能够被充分激活。而且，校园中的同伴影响往往是广泛而深刻的，正如杜威所说："教育的目的在于使人能够继续教育自己。"深圳中学非常重视同辈引领，以期使青少年在同伴影响中实现自我教育和影响他人。

（一）建立"学长团"，发挥同辈示范引领作用

学长团是深圳中学实践"同辈引领"最典型的代表。学校每年会在高二年级招募 60 名学生组成学长团，他们与低年级学生建立跨年级连接，为高一新生提供入学适应支持体系，在学生之间实现纵向的情感连接和生涯经验的传递。作为学校的文化名片之

一，从"非常好，YES"到协助学校开展入学教育，从饱含鼓励的歌曲《夜空中最亮的星》到军训中充满慰问情怀的舞蹈《撑腰》，从生涯历奇到学生成长交流营，学长团承担了真实、重要的任务，始终践行着用爱导航的宗旨，传承了深圳中学学生文化很重要的一部分，并与之共同成长。深圳中学学生都以能够加入学长团为荣，以成为一名优秀的学长为成长动力，学长团真正发挥了同辈示范引领的作用。

第 17 届学长团合照

（二）开设社团课，营造多样化校园文化

学生社团也是深圳中学践行尊重学生德育主体性的重要途径。学校目前有 135 个在校注册社团，其中高中社团 97 个、初中社团 38 个。为了推动社团发展，深圳中学特别设置了社团课，每个社团都有自己独特的课程和活动方式，它们为建设多样化的校园文化做出了卓越贡献。深圳中学的学生社团历经多年磨炼，不断向

多元化、专业化的方向发展,许多优秀社团的影响力已不仅限于校内,在全国都享有较高声誉,如先锋中学生社团、模拟联合国社团、辩论社、ACES Studio 等社团。为鼓励学生社团更好地发挥积极作用,促进学生社团向着多层次、高水平、宽视野、专业化的方向健康发展,学校社团联盟理事会在校团委的指导下每年举办"十佳学生社团"评选活动。

ACES Studio 社团成员在老校区媒体中心合照

(三) 丰富校园活动,培养学生领导力、执行力、创造力

除了社团课程,学校还为学生搭建了丰富多彩的活动课程,这些活动课程也是德育的重要平台和途径,如体育嘉年华、戏剧节、校园十大歌手比赛、游园会、辩论赛、"校长杯"足球赛、"深中杯"篮球赛、"凤翎杯"羽毛球赛、"校长杯"乒乓球赛、社团招新大会、高雅艺术进校园等各类大型校园活动近 20 项。这些活动由教师和学生共同组织策划,学生们通过参加活动或者亲自策划活动,在具体而又真实的工作中,既展示了自我风采,也培养了领导力、执行力和创造力。

四、实现德育的超越性：美美与共，搭建多元平台

我们认为，有效的德育不能囿于一处和一法，而应将有利于德育工作开展的一切优质资源进行融合，补齐实践育人的短板。

（一）引入多元主体，开展多维评价

德育的多元性，首先体现在德育评价的多元。在学校的评优评先活动中，除了班主任、学科教师的意见，校内外社团指导教师、宿舍生活管理员等也都会参与评价；利用青少年重视同伴评价的心理特点，引入朋辈学生评价维度；为保证家校沟通与合作，引入家长作为评价方，促进家长关注学生全面发展；学生本人评价也是评价结果的一个重要维度，能充分发挥学生的主观能动性，增强学生内在动机，促进学生对自己全面客观的认识。学生加入诸如学长团等校内组织，也都需要经过上述所有维度的评价才能获得面试资格。

（二）拓展多元途径，强化实践育人

德育的多元性还体现在德育途径的多元，其中公益活动是非常重要的一项。深圳中学学生以"锻炼自己，服务他人，奉献爱心，共同成长"为宗旨，举办并参与了许多公益活动，用实际行动回馈社会。例如，2011年以来，深圳中学"义工联"联合深圳市儿童医院，每学期组织全体社员对深圳市特殊儿童进行一对一的教学，帮助特殊儿童快乐成长。学校支教社的学生每年寒假前往广东贫困县开展支教活动，与当地留守儿童同学习、共成长，在寒冷的冬季送出最温暖的爱与关怀。在每年6月的社会实践活动中，学生们会与江西省泰和县禾市中学开展手拉手活动。2019年，学生们经过前期调研发现，禾市中学的课外图书十分匮乏。为此，学生处指导学生社团公益创变社发起了募捐图书的活动，面向校内学生和社

会公众募集到总价约 1.5 万元的图书。这些活动进一步丰富了社会实践的内涵，传递了深圳中学学生的爱心与公益理念。

2023 年生命教育周视频

"生命教育周"也是深圳中学的一个特色德育项目。为了帮助青少年完成"建构自我同一性"的成长任务，学校通过开展"生命教育"提升青少年的生命意义感和价值感，引导学生积极汲取生活中的幸福元素，在与人和事的互动中感悟生命的多种可能性，从而更有勇气去拥抱未来多彩的生活。2011 年至今，学校已成功举办了九届生命教育周。例如，第八届生命教育周以"别忘了，'心动'"为主题，启发学生在繁忙的学习和生活中停下脚步，去感受每一个"心动"时刻，去发掘生命中的更多可能。

生命教育周展板

浇花浇根，育人育心。青少年是国家未来发展的掌舵人，是民族振兴的护航手，其价值观的构建不仅影响着青少年自身的成长与发展，也关系着国家的前途和民族的命运。今后如何更好地开展德育工作，是我们每个教育者应不懈思考和审慎实践的命题。

——本文刊发于《中小学管理》2020年6月刊

1-4

拔尖创新人才早期发现和选拔培养机制探索

科技竞争归根结底是人才的竞争，人才竞争归根结底是拔尖创新人才教育水平之间的竞争。伟大的新时代急切呼唤拔尖创新人才，而我们如今的教育为什么培养不出世界级的顶尖杰出人才？教育归根结底是人的教育，每个人在接受教育过程中的深层诉求，一定是尊重其多元和差异。培植使杰出人才"冒"出来的适宜土壤至关重要：解放思想，营造开放包容的良好生态；尊重差异，建立科学规范的甄选体系；因材施教，精准匹配高端的师资课程；一体联动，实现大中小学贯通式培养；"君子不器"，立足成人成才的发展目标。

一、伟大的新时代急切呼唤拔尖创新人才

李克强总理在 2019 年 9 月 2 日召开的国家杰出青年科学基金工作座谈会上指出，"基础研究决定一个国家科技创新的深度和广度，'卡脖子'问题根子在基础研究薄弱"，而"数学则是基础研究的基础，是其他科学研究的主要工具"。2019 年 5 月 21 日，面对美国制裁，任正非先生在接受中央电视台专访时颇有感触地说道："发展电子工业，过去的方针是砸钱；芯片光砸钱不行，要砸数学家、物理学家等。"任总以华为公司的实际经验深刻地洞见到，想要发展创新产业和尖端科技，光有资金投入是远远不够的，没有基础学科的支持、没有尖端人才的推动，前沿产业的发展也就成为无源之水、无本之木。

拔尖创新人才处于创新人才的顶端，对国家的自主、创新、可持续性发展起着关键性的引领作用。将拔尖创新人才的培养放到国家发展的战略高度，势在必行。2020年9月11日，习近平总书记在科学家座谈会上强调："要加强基础学科拔尖学生培养……对科学兴趣的引导和培养要从娃娃抓起，使他们更多了解科学知识，掌握科学方法，形成一大批具备科学家潜质的青少年群体。"培养拔尖创新人才，一定要从小抓起、从基础教育抓起。

二、我们缺少的不是天才而是适宜的土壤

2005年，时任国务院总理的温家宝在看望94岁的钱学森时，钱老感慨地说："这么多年培养的学生，还没有哪一个的学术成就，能够跟民国时期培养的大师相比。"钱老又发问："为什么我们的学校总是培养不出杰出的人才？"如今十七年过去了，"钱学森之问"依旧是困扰中国教育和发展的难题。事实上，我们缺少的不是天才，而是适宜天才成长的土壤。鲁迅在《未有天才之前》一文中这样写道："不但产生天才难，单是有培养天才的泥土也难。我想，天才大半是天赋的；独有这培养天才的泥土，似乎大家都可以做。做土的功效，比要求天才还切近；否则，纵有成千成百的天才，也因为没有泥土，不能发达……"

（一）起点缺乏科学性而牺牲实质公平

新中国成立后，尤其是自1986年开始普及义务教育以来，人民群众受教育水平发生了质的飞跃，并取得了举世瞩目的伟大功绩。国家统计局2021年12月发布的《〈中国儿童发展纲要（2011—2020年）〉终期统计监测报告》显示：2010年以来，小学学龄儿童净入学率保持在99.7%以上，小学升学率保持在98%以

上，义务教育普及成效显著。在保证"有学上"的基础上，我们追求的一定是"上好学"，让每个孩子都能得到合适的教育。

从学生成长规律看，确有一批天资聪颖的孩子，应早发现、早培养；从教育科学的角度，拔尖创新人才所必备的许多重要素质是在基础教育中培养和发展出来的，但这一点长期以来并未受到应有的重视。20世纪末，著名教育家吕型伟就提出："50年间我们培养了不少合格人才，但也压制了一些拔尖人才，不少有才华的学生被扼杀在摇篮里，特别是那些奇才、偏才。"这些"奇才、偏才"天分的显现是从小学，甚至是幼儿园就开始了。在普及教育追求公平的过程中，我们或多或少埋没了很多天才儿童，这对没有接受合适教育的他们来说，无疑是不公平的。教育公平，最终的目标是每个人在充分选择的基础上，找到适合自己的教育，这是更科学、更高水平的公平。我们追求的公平，不能再以牺牲有特殊专长人才的成长为代价，这于国于民都不利。

拔尖创新人才是客观存在的，无论是孩子还是成人，事实上都存在极少数在智能、志向、人格特征等方面远超平常人的超常人才、天才。从这个角度来看，对天才儿童的识别和培养不会影响教育整体的公平。以深圳市为例，如果每年面向全市小学毕业生选拔200名资优儿童，相较深圳近年来10余万小学毕业生的数量，其比例不到千分之二。早在1963年，苏联就在莫斯科、列宁格勒、基辅和新西伯利亚四地设立数学物理学校，覆盖5年级到11年级，培养了一大批杰出人才，目前仅华为聘请的俄罗斯数学、物理学家就有500多位。例如，俄罗斯239中学，在校学生总数约800人，共分7个年级（5年级到11年级），目前已有120多人在国际大赛中获奖，以数学为例，每年国际数学奥林匹克俄罗斯国家队，有一半以上的队员来自该校，而且，从这些队员的后续发展来看，他们中的很多人都走上了学术道路，例如大数学家佩雷尔曼（Perelman，第25届菲尔兹奖得主）和斯坦尼斯拉夫·斯米尔诺夫（S. Smirnov，第26届菲尔兹奖得主）。

（二）过程缺乏人文性而忽视个性差异

通过数十年的教育改革和不懈努力，我国人口的整体素质不断提升，但是尖端人才仍然稀缺，用统计学的语言来说，就是均值大、方差小。2019年12月3日，PISA2018测试结果公布，中国四省市（江苏、浙江、北京、上海）作为一个整体，取得了阅读、数学和科学全部三项科目世界第一。这虽不代表中国基础教育的平均水平，但在一定程度上印证了中国经济、教育发达地区在世界基础教育领域的领先地位，也在一定程度上说明了我们的民族智慧和潜质有相当雄厚的实力基础。但是，我们作为一个拥有十几亿人口的大国，为什么截至目前只有一位本土产生的自然科学类诺贝尔奖得主？我们不得不反思，我们的教育过程究竟出现了什么问题？

加德纳多元智能理论告诉我们，人类天资禀赋各异，每个人身上至少存在七项智能，即语言智能、数理逻辑智能、音乐智能、空间智能、身体运动智能、人际交往智能、自我认识智能，1996年又补充了第八种智能——认识自然的智能。然而，班级授课制背景下注重的教学原则往往是有教无类，而忽视了同样重要的一条：因材施教。如果学生的天资禀赋在起初没有得到及时的发现和应有的培育，那么其优势往往就会在后期越来越弱化。

教育的本质是人的教育，一定要尊重人性，尊重人性最根本就是要尊重人的差异性，这是教育最基本的人文关怀。著名教育家陶行知先生说："人像树木一样，要使他们尽量长上去，不能勉强都长得一样高。"以美国加利福尼亚州为例，该州在1961年就立法为英才生提供特殊的成长计划。虽然近年来我国的分层走班制教学在一定程度上缓解了学生在学习的过程中"吃不饱"与"吃不了"的教育现象，但对于那些1%～3%的英才来说，依然没有得到最合适的教育。虽然我们的中学也有特殊计划，但一直成规模、成体系进行的只有人大附中、北京八中等为数不多的几所中学。更广大的英才儿童群体亟待发掘和培育，因此还需要更多基础教育学校的参与。

（三）评价缺乏区分度而导致结果通胀

高考和中考作为我国人才识别的重要标尺，一直是拔尖创新人才脱颖而出的重要通道。1978年，在李政道和杨振宁的倡议下，我国设立了中科大少年班，招收11～16岁的天才儿童。虽然自此以后国内多所大学相继效仿，但目前硕果仅存的是中科大少年班、西安交大少年班等为数不多的几个拔尖创新人才早期培养点。事实上，十几年来，对英才选拔的力量一直是向优化高考倾斜，例如教育部在拔尖创新人才培养方面持续发力，先后施行了珠峰计划、强基计划等，以及诸多高等教育领域的"拔尖计划"：北京大学的"元培学院"、清华大学的"钱学森力学班"、浙江大学的"竺可桢学院"等。

清华大学2021年1月发布的"丘成桐数学科学领军人才培养计划"将招生对象放宽至初中三年级。这些具备条件的初三学生如何能培养出来？如果不及早谋划，难免错失培养良机。一定要及早发现、及时培养，小学升初中是一个重要节点。同时，在没有正式打通拔尖创新人才早期识别与培养的"绿色通道"之前，我们的中考就显得尤为重要。

近年来，中考命题的区分度越来越小，对于人才选拔的意义越来越小，甚至起到了反作用——异常激烈的分数竞争让很多学生不得不选择反复刷题、机械应考，这个过程对培养学生的创造力毫无益处，也大幅增加了学生的学业负担，与"双减"的要求背道而驰。从学生成长规律看，学生天资有差异、禀赋各异；从客观上看，学校办学水平有差异、各有特色。如果中考题目难度太小，区分度不够，就很难筛选出天才儿童或资优生；如果天资出众的学生不能进入合适的学校就读，得不到相应的超常培育，这对他们一生的发展都不利。

三、培植使杰出人才"冒"出来的适宜土壤

鲁迅在《未有天才之前》一文中写道："做土要扩大了精神，就是收纳新潮，脱离旧套，能够容纳，了解那将来产生的天才。"千里马常有，而伯乐不常有。培植使杰出人才"冒"出来的适宜土壤，就是要"脱离旧套"、解放思想、以人为本、尊重差异，为实现每位学生的充分发展而努力。

（一）解放思想，营造开放包容的良好生态

理念先行，行动为基。革新理念，加强宣传，营造重视英才教育的文化氛围，这是万事开头难的第一步。拔尖创新人才培养并不会与教育公平相抵触，最好的教育一定是最适合的教育，因材施教是对每个孩子的天赋负责，是对每个孩子的公平。同时，科技竞争的日趋激烈，中美关系的交错动荡，无不警醒我们：重视并加强基础教育阶段的数学、物理教育迫在眉睫，尤其是对于数理拔尖人才的早期识别和培养，给予这些好苗子一个适合的特殊的成长机会至关重要。

早在 1977 年 5 月，邓小平同志就指出："办教育要两条腿走路，既注意普及，又注意提高。要办重点中学、重点大学。要经过严格考试，把最优秀的人集中在重点中学和大学。""子规夜半犹啼血，不信东风唤不回。"笔者先后多次在深圳市政府常务会议、国务院发展研究中心课题组、中国教育科学研究院基础教育研究中心课题组调研座谈会等场合提出建议："得天下英才而教育之"，为党育人，为国育才。在初中阶段，我们就应该积极探索培养拔尖创新人才的机制和模式，发现、孕育并系统培养人才苗子。近十多年来，笔者在多个场合以"拔尖创新人才的早期发现与培养"为主题做讲座，呼吁对具有天赋的儿童一定要早发现、早培养。

（二）尊重差异，建立科学规范的甄选体系

识别第一，培养第二；没有发现，就没有培养。资优生的识别和选拔不仅需要中央和地方政府的统一部署和政策保障，而且需要赋予基础教育学校充分的自主权。伴随着国际竞争的日趋激烈，社会对尖端人才的急切需求，以及教育思想越来越解放，国家及地方对基础教育阶段的拔尖创新人才识别与培养越来越重视，并提到了政策高度。2022 年 2 月 28 日，习近平总书记在主持召开中央全面深化改革委员会第二十四次会议时强调："要全方位谋划基础学科人才培养，科学确定人才培养规模，优化结构布局，在选拔、培养、评价、使用、保障等方面进行体系化、链条式设计，大力培养造就一大批国家创新发展急需的基础研究人才。"2022 年 1 月 8 日，《教育部 2022 年工作要点》发布，文件指出，"加快培养、引进国家急需的高层次紧缺人才……积极探索拔尖创新人才早期发现和选拔培养机制"。2021 年 12 月 30 日，《深圳市教育发展"十四五"规划》印发，文件指出："建立健全大中小学贯通培养拔尖创新人才体制机制，着重培养具有原始创新能力和颠覆式创新能力的杰出人才。"2021年9月30日，北京市发布的《"十四五"时期教育改革和发展规划（2021—2025年）》提出："全面优化创新人才早期培养生态，探索大中小各学段有机衔接的拔尖创新人才培养模式，开辟拔尖创新人才脱颖而出的'绿色通道。'"

理念的落地还需要更加具体的配套政策和实践指导。例如，在基础教育层面，需要改革"一刀切"的小升初、初升高制度，允许拔尖创新人才培养试点学校在政府的指引下，并基于各地的具体情况，以科学的方式甄别、选拔拔尖创新后备人才，早发现、早培养。

（三）因材施教，精准匹配高端的师资课程

因材施教是中华民族千锤百炼的教育思想，实事求是、不拘一格、尊重差异性、摒弃"一刀切"是培养各领域拔尖创新人才的必由之道。同时，拔尖创新人才的培养需要不走寻常路，他们往往是有特殊才能同时也有特殊个性的人，培养他们，需要在教师、课程配置等方面进行精准匹配。

培养一流学生需要一流师资。一方面是高水平学术教师，正所谓名师出高徒，高徒需名师，一支优秀的教师队伍不仅需要专业能力强，而且需要具有高度的责任感和奉献精神。另一方面，英才儿童的培养也需要专业的心理咨询教师，满足英才儿童特殊的心理发展和咨询需求。培养一流学生需要一流课程，内容可因地制宜、因校制宜、多元灵活、以德为先。例如，深中的"丘成桐少年班"目前的课程架构涵盖必修和选修两大类，其中必修课程包括国家课程、数学竞赛基础、信息竞赛基础、腾讯DN.A网

络素养课程等，选修课程包括七年级的以认识城市与生态环境为主题的人文素养课程，八、九年级的数学、物理、化学、生物、信息竞赛课程等。除此之外，为了涵养中华底蕴和家国情怀，"丘成桐少年班"开展了一系列别具特色的实践活动，包括开学礼、党史学习课程、爱国教育课程、劳动教育课程、生存技能课程等。

（四）一体联动，实现大中小学贯通式培养

拔尖创新人才早发现一定要比晚发现要好、早培养一定要比晚培养要好、各学段的系统培养一定要比"各自为政"好。系统的培养是一个长期性、复杂性的问题，一定要在体制机制方面统一谋划、协同进行。横向来看，家庭、学校、社会三要素缺一不可；纵向来看，构建小学、初中、高中、大学/科研院所培养共同体，对于拔尖创新人才的可持续健康发展至关重要——共同体基于共同愿景、协定培养方案、共享学术资源。

体育方面，毕业于清华附中的学生在 2020 年东京奥运会上摘得四块金牌，这得益于 1986 年成立的清华附中"马约翰班"（简称"马班"）。"马班"初一、高一面向全国选拔好苗子，主招田径、篮球、射击、足球等项目，单独分班，并与清华大学、清华附小进行联合贯通培养，集中强大师资针对个人天赋特长培养体育拔尖人才。数学方面，2021 年全国首批五个"丘成桐少年班"成立，丘成桐院士定期与各试点学校直接进行交流座谈，了解需求、解决疑难，并及时给予指导，包括推荐书目、审核课程设置等。此外，深圳中学依托清华大学（朱邦芬院士工作站、基础学科拔尖创新人才大学中学衔接培养基地、丘成桐少年班）、北京大学（天文创新实验室、数学后备人才培养基地、博雅人才共育基地）、深圳大学（乒乓球联合培养）等优质高校资源，力争在基础教育阶

段建构一个符合人才成长规律，并与高等教育接轨的完整教育链。

（五）"君子不器"，立足成人成才的发展目标

先做人，后做事；先成人，后成才。确立成人成才的培养目标，是拔尖创新人才培养最重要，也是最常被忽视的一个方面。教育一定是为未来培养人的，国家发展急需培养数学、物理等基础学科的尖端人才，但并不代表要忽视人文学科的重要性。相反，越是顶尖的科学家，越是人文与科学并重；他们时刻心怀"国之大者"，为国分忧、为国解难、为国尽责，为人类做贡献。

德才兼备，方堪重任。我们培养的拔尖创新人才不仅是天资聪颖，更要具备良好的学习习惯和生活习惯；不仅是智商过人，更要拥有强健的体格和健康的心态；不仅是专长突出，更要有社会责任感和家国情怀。丘成桐先生说："今天我们教学生，要从娃娃抓起，为什么？为的是基本功必须从他们开始，不单单是学问，也要注意训练他们的态度，做人的态度和做学问的态度。要能够自律，要不怕挑战，要培养高尚的感情。情动于中，方能成就大学问！"

知识就是力量，人才就是未来。2021年9月，习近平总书记在中央人才工作会议上的讲话中指出："综合国力竞争说到底是人才竞争。人才是衡量一个国家综合国力的重要指标。国家发展靠人才，民族振兴靠人才。我们必须增强忧患意识，更加重视人才自主培养，加快建立人才资源竞争优势。"我们应以更大的努力和劲头，建立健全大中小学贯通培养拔尖创新人才体制机制，全面优化创新人才早期培养生态，培养具有原始创新能力和颠覆式创新能力的杰出人才，为人民谋幸福，为国家谋复兴。

——本文刊发于《创新人才教育》2022年8月第4期

1-5

培养拔尖创新人才的深圳中学课程改革实践与思考

拔尖创新人才是国家国力提升的核心力量，是解决世界科技竞争领域"被卡脖子"难题的关键因素——破解"钱学森之问"迫在眉睫。为何这个问题迟迟得不到解答？我们需要从基础教育阶段就积极寻求改革、解决矛盾，探索培养创新人才的机制和模式，发现、孕育并系统培养人才苗子。就高中课程建设而言，主要存在三个矛盾：第一，统一性和多样性的矛盾；第二，基础性和学术性的矛盾；第三，传承性和发展性的矛盾。

深圳中学作为以深圳这座城市命名的学校，自1979年1月深圳建市以来，紧紧追随国家和深圳的前进步伐，始终围绕"立德树人"根本任务，以深化课程建设为主要着力点，进行改革、探索、研发、实践，与深圳共成长、与中国共发展、与世界共进步，在探索"三个矛盾"的解决方面，积累了丰富经验，取得了一定成果。早在2003年，深圳中学就启动了以"新课程及教学改革"为平台的公民教育改革实践，在全国率先推行选课制、走课制、导师制、单元制等改革举措；2010年，明确"建设学术性高中、培养创新型人才"的教育使命，并以此为核心逐步构建全新的创新人才培养模式；2017年，在建校70周年之际，提出新的办学定位"建设中国特色世界一流高中"，致力于培养具有中华底蕴和国际视野的拔尖创新人才，力争为世界一流高中的建设和拔尖创新人才的早期培养提供深中智慧和深中方案。

一、深中课程改革的发展道路

围绕"立德树人"根本任务,紧扣课程改革核心要领,深中的实践探索过程可以梳理归纳为三个时期。

(一)启动探索期(1979—2010 年):破冰,课程改革的先锋性试验

2001 年,教育部正式启动新一轮基础教育课程改革,颁发了《基础教育课程改革纲要(试行)》等一系列政策文件,初步构建了符合时代要求、有中国特色的基础教育课程体系,引起了全国性的学校发展与变革。

2003 年 9 月,为把课程改革提出的"学生自主学习、自主发展"目标落实到位,实现"以每一位学生的发展为本",深中启动了以新课程及教学改革为平台的公民教育改革实践——在全国率先推行选课制和走课制;为保障选课制、走课制的有效实施,同时实施导师制(取消原来的班主任设置,每个班级安排两名导师,为学生提供针对性的指导和服务)、单元制(将高中部 20 个班分为 7 个单元,每个单元由 3 个班组成,高一、高二、高三各一个班,形成"传、帮、带"格局)和学生辅导中心(为学生提供心理辅导、选课指导、生涯规划指导,培训班干部)三大改革举措。在此期间,深中获评国家新课程改革样板校,成为首批通过广东省国家级示范性高中初期督导评估的学校,通过示范性高中评估,成为在广东省乃至全国都有一定影响力的示范性高中。

(二)发展完善期(2010—2016 年):行动,教育面貌的全方位变化

2010 年,国家颁布的《国家中长期教育改革和发展规划纲要

(2010—2020年)》明确指出："高中阶段教育是学生个性形成、自主发展的关键时期，对提高国民素质和培养创新人才具有特殊意义"，这为高中阶段探索创新人才成长的规律指明了方向。2011年，教育部印发新课程标准，进一步推动了全国课程改革的深化进程。

深中在总结前期课改经验的基础上，2010年提出"建设学术性高中、培养创新型人才"的教育使命，致力于将学生培养成为具有丰富生命力的人，并以此为核心逐步构建全新的创新人才培养模式。2014年4月制定出台《高中课程建设及学生综合素养评价方案》，明确要营造一个"学校按需施教、学生按需选学"的教育环境，让有能力者可以"免听"、有兴趣者可以"多学"，同时赋予学生自主发起课程的权利；同年5月制定《深圳中学2014—2017年发展规划》。2015年5月制定《深圳中学课程设置与实施方案》。2016年遵照"学校按需施教、学生按需选学"的课程价值观，构建三大课程体系：标准体系、实验体系和荣誉体系。在此期间，《上海教育》"中国高中的变革力量"系列寻访栏目刊发以"'学术之道'——基于深圳中学四年改革的典型性视角"为主题的四篇文章，深入报道深中课改实践。

（三）升华辐射期（2016—2022年）：深化，课程建设的内涵式发展

在中国特色社会主义进入新时代，国家加快建设"双一流"的背景下，如何"扎根中国大地办学"，"发展具有中国特色、世界水平的现代教育"是当下和未来的努力方向。同时，随着新一轮课程改革全面展开，广东省2018级高一已经进入新高考实验区，这是学校课程建设面临的新的挑战。

2017年，深中在新时代背景下提出新的办学目标：建设中国特色世界一流高中，致力于培养具有中华底蕴和国际视野的拔尖创新人才。基于"世界一流高中"的办学定位，在广泛征集全体教职工建议、反复论证和征求校外专家建议的基础上，于2018年7月在教代会上正式讨论通过《深圳中学五年发展规划（2018—2022年）》，同年11月出台《深圳中学五年发展规划（2018—2022年）督导评估工作方案》。2019年3月成立"深圳中学学科课程建设项目组"。在此期间，深中获评第一届全国文明校园，《深圳中学高中课程建设及学生综合素养评价方案》入选教育部基础教育课程教材发展中心基础教育课程改革典型案例库；笔者在《中国教育报》以"拔尖创新人才培养的中学责任与担当"为主题发表系列文章，在《人民教育》"改革开放中的学校变革"核心议题栏目发表文章《深圳中学：勇立潮头再出发》。

二、深中课程改革的主要内容

（一）课程理念：为了促进每一位学生的充分发展

为了解决统一性和多样性的矛盾，深中遵照"学校按需施教、学生按需选学"的课程观，营造"人人皆可成才、人人尽展其才"的良好环境，充分尊重学生个体发展的同时，兼顾学生的差异性，为学生搭建多元发展立交桥：为不同发展规划的学生提供高考、竞赛和出国三个方向；为不同兴趣志向的学生提供涵盖28个课程群（见表1）的360余门校本选修课；为不同学习基础的学生提供不同层次的教学班级——学生基于规划选择方向，基于志趣选择课程，基于基础选择层次，让每个学生在各自合适的舞台都有出彩机会。

表 1　深圳中学课程群结构

板块	文化基础		自主发展		社会参与	
系列	人文底蕴	科学精神	学会学习	健康生活	责任担当	实践创新
课程群	汉语与文化／外语与交流／政治与经济／历史与人文／AP/AL文史课	数学与逻辑／物理与工程／化学与材料／生物与环境／通用与信息／AP/AL理科课	生涯与规划／初高衔接课／深进大学活动／走进大学活动	美术与创意／音乐与创作／运动与竞技／心智训练营	公民教育课堂／卓越成长营／职业体验课	综合实践学习／研究性学习／跨领域创新课／创新中心活动／高端学术活动

（二）课程结构：基础学术课程和深中文凭课程

为了解决"基础性和学术性的矛盾"，深中课程内容由基础学术课程和深中文凭课程两部分组成（见表2）。

表 2　深圳中学课程内容结构

基础学术课程		深中文凭课程											
		校本必修			特色选修			学校公共选修			校外选修		
必修	选择性必修	实践类课程	自我成长课程	文化经典课程	信息技术课程	学科拓展课程	学科竞赛课程	学科国际课程	深中大讲堂	深中博士讲堂	人文类课程	理工类课程	艺体技课程	生涯类课程	创新课程	网络线上课程	国外游学课程	大学先修课程

关于课程实施，深中倡导和追求以"自主、对话、探究"为核心的研究性教和学，如图1所示。

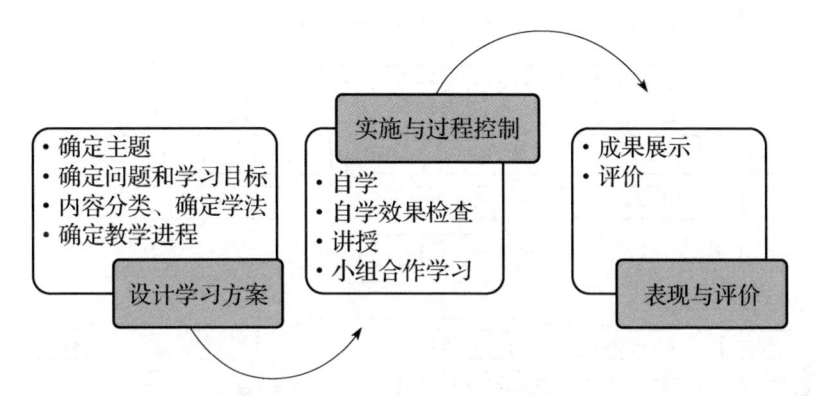

图 1　研究性教和学的课堂教学模式

（三）课程评价：学生综合素养评价方案

深中 2014 年制定《高中课程建设及学生综合素养评价方案》，采用"量化评价+质性评价"的方法评价学生综合素养，评价结构如图 2 所示，具体评价逻辑框架参照图 3。

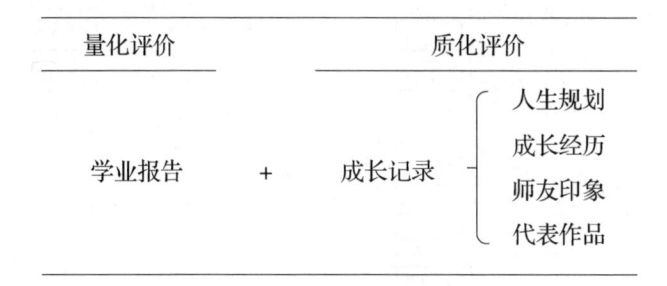

图 2　深圳中学学生综合素养评价结构

三、深中课程改革的支撑系统

　　为了解决"传承性和发展性的矛盾"，深中不断优化教师梯队建设、更新创新课程资源、完善各项制度建设，从人才、资源和制度三个方面给予课程改革以有力支撑，在传承优秀历史经验的同时大胆革新，不断发展。

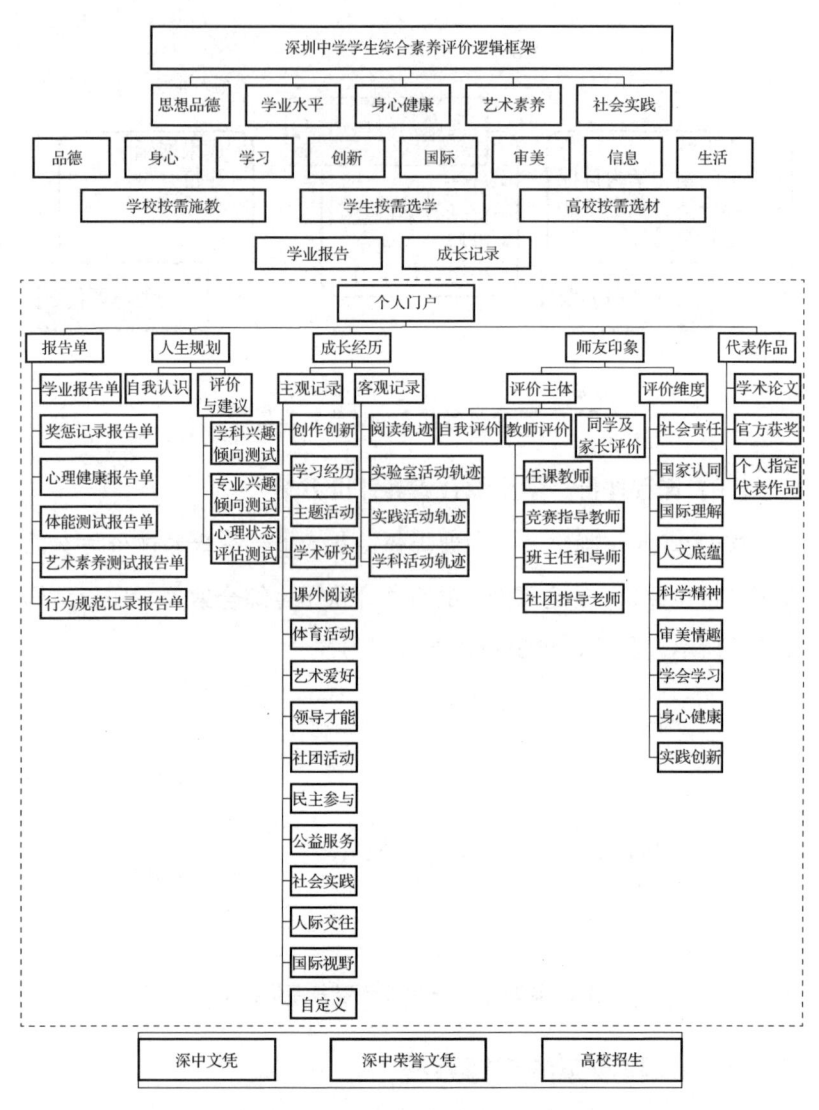

图 3　深圳中学学生综合素养评价逻辑结构设计

（一）人才支撑：引育一流师资队伍，培育拔尖创新人才

兴校之道，始于人才。自 2017 年以来，笔者一直倡导"让最优秀的人教育下一代，培养出更优秀的人"，不遗余力引进优秀的

海内外高校毕业生。引进是基础，培育是关键。深中通过"青蓝工程"等项目，为每个青年教师配备教学导师；实施教师队伍建设"学科研究室"项目，以学科研究室为平台，在学科研究室主持人带领下，培养一批师德高尚、业务精通、创新能力强的教学骨干。通过不懈努力，学校已经形成了一支教学业绩突出，学术水平扎实，结构合理的老、中、青相结合的师资队伍，教师整体水平跻身国内高中第一方阵。

此外，深中通过"树人工作室"等项目让资深班主任带领、培训青年班主任，这不仅有利于深中教育经验的传承，也让班主任队伍整体保持了对当代青少年教育新特征的开放心态。按照"树人计划"制订的培养方案，培养对象需参加一个校级以上名班主任工作室的活动、参加学校青年班主任读书会（阅读 15 本教育类书籍，撰写 3 篇读书笔记）、撰写源自真实教育实践的德育类专业文章、参与一次校级以上班主任技能或德育类专项比赛等。

（二）资源支撑：融合创新课程资源，拓展课程实践平台

为了融合创新课程资源，拓展课程实践平台，与企业（Company）、大学（University）、政府单位（Government）、校友（Alumni）广泛沟通，积极合作，建构了"S-CUGA 四元合作体系"，如图 4 所示。

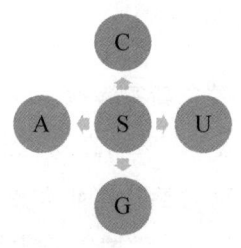

图 4　S-CUGA 四元合作体系

1. S-C：与企业共建创新体验中心

与华为、腾讯等知名企业共建 11 个创新体验中心，如表 3 所示。

表 3　深圳中学创新体验中心一览表

序号	名称	负责人	地址
1	华为技术有限公司创新体验中心	高　阳	D202
2	腾讯创新体验中心	胡　楠/何柳婷	D201
3	大疆创新科技有限公司创新体验中心	陈梓豪	E801
4	科大讯飞创新体验中心	张膺钛	老校区
5	中国广核集团清洁能源创新体验中心	王　菁	E802
6	中科院深圳先进技术研究院创新体验中心	尤　佳	E902
7	华大基因研究院创新体验中心	刘　莹	E903
8	深圳光启高等理工研究院创新体验中心	陈少锐	老校区
9	比亚迪新能源汽车创新体验中心（升级中）	赵懿祺	新校区
10	深圳建设银行创新体验中心	孟雪婷	老校区
11	深交所证券创新体验中心	申　蕾	E901

2. S-U：与大学共建创新实验室

与北京大学、清华大学等著名高校共建 12 个创新实验室，如表 4 所示。同时，与北京大学共建北大数学后备人才培养基地，成为全国首批三星级"北京大学博雅人才共育基地"和"清华大学基础学科拔尖创新人才大学中学衔接培养基地"。

表4　深圳中学创新实验室一览表

序号	名称	主持人	负责人	地址
1	北京大学天文创新实验室	吴学兵	胡剑	E1001
2	清华大学朱邦芬院士工作站（建设中）	朱邦芬	邵卓	图书馆
3	中国科学技术大学语音识别创新实验室	刘庆峰	张膺钛	老校区
4	上海交通大学光伏太阳能发电创新实验室	沈文忠	王鹏超	E803
5	南京大学先进光声功能材料实验室	卢明辉	李丽华	E1003
6	香港中文大学（深圳）智能机器人创新实验室	徐扬生	谭金旺	E902
7	深圳大学空间智能创新实验室	李清泉	李波	E902
8	加拿大阿尔伯塔大学刘江枫数学创新实验室	刘江枫	金朝阳	老校区
9	深圳中学国际数学资料中心	朱华伟	朱华伟	C622
10	机器人实验室	朱峰	朱峰	D206
11	南方科技大学薛其坤院士量子创新实验室（规划中）	薛其坤	/	/
12	哈工大（深圳）航天创新实验室（规划中）	/	/	/

3. S-G：与政府单位协同合作

深中积极探索与政府单位的合作路径与方法，共享教育资源，共促学生发展。例如，深中生物科组与深圳市疾病预防控制中心合作，联合开发校本课程"预防医学课程——健康离我们有多远"，既有助于中学生早日掌握准确的健康常识和理念、形成健康的行为方式，也是对高中生物课程的补充和深化，同时有助于中学生初步了解预防医学专业，有助于其对未来职业进行规划；与深圳仙湖植物园合作，共同在自然教育、科普宣传、志愿服务、竞赛支持等方面不断探索，为学校的生物教学实践拓展空间，为学生的发展提供多样平台，让学生亲近自然的同时培养对生物学科的兴趣，并不断发现潜能和实现自我提升。

4. S-A：与校友充分互动交流

深中有非常优秀的创新型学校文化，校友会积极探索的"校缘文化"就是其中的有机组成部分。2016年11月15日，学校启动"深中校缘行"活动，先后探访了光启研究院刘若鹏、大疆创新宋琨、腾讯马化腾等十五位校友。通过"深中校缘行"的活动，学校认真听取了来自各行各业的校友，从各自的领域、不同的视角为母校发展提出的建议。此外，为了更好地满足学生成长的需要，深中每年向全体校友招募客座教师，为学生开设校本课；课程丰富多元、涵盖面广，例如斯坦福大学博士韩嘉睿校友开设的"数学建模"、资深投资管理人廖杰校友开设的"经济与金融投资入门"、《最强大脑》百强选手梅轩宇校友开设的"快速记忆与智力竞赛"等。

（三）制度支撑：加强各项制度建设，保障课改后续推进

基于"建设中国特色世界一流高中"的办学定位，出台《深圳中学五年发展规划（2018—2022年）》，该规划共分为三大维度、十二个指标、四十三项对应任务，如图5所示。

为了推动落实"五年发展规划"，促进学校发展，制订完成

图 5　深圳中学五年发展规划结构

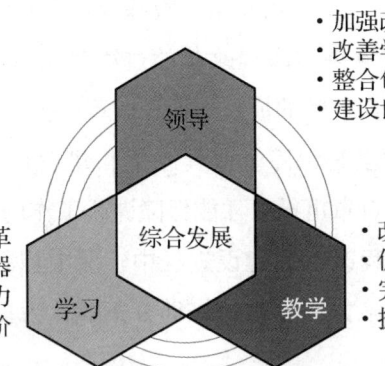

《深中五年发展规划（2018—2022 年）督导评估工作方案》，运用自我评估和第三方评估、过程性评估和终结性评估，学校构建依法办学、自主管理、民主监督、社会参与的督导评估制度，全面提升学校管理、教育和学习的质量，不断追求卓越品质。

四、经验与反思

经过四十余年的探索和实践，学校积累了丰富的经验，认为在课程改革进程中必须高度重视如下几个问题：

（1）顶层设计是关键。学校顶层设计不是"摸着石头过河"，而是自上而下的"系统谋划"，是学校发展的起点和根本。每个学校都有自己的一套教育哲学，深中的办学定位从"建设学术性高中，培养创新型人才"过渡到如今的"建设中国特色世界一流高中，培养具有中华底蕴和国际视野的拔尖创新型人才"，体现了对追求一流教育水平的信心和决心。

（2）扎实落实是根本。课程改革和建设不仅要有"顶层设计"，更要有各部门的扎实落实。只有自下而上凝成一股力，心往一处想，力往一处使，狠抓落实，才能博观而约取、厚积而薄发。

经过2003年第一次课改后总结：教师专业素养的提高是课程改革取得实效的重要成果，课程改革的过程也是教师队伍加强建设、不断成长的过程，教师的成长与课程改革的推进与深化是同步的。

（3）制度建设是保障。课程改革和建设是一个系统化工程，只有各个环节都有章可循，才能保障课改工作的顺利开展和推进。在第二、三次课程改革和建设进程中，深中均制定了发展规划以及相应的课程实施方案、教师培训方案等，为提高课改效率和质量保驾护航。

课改进行时，发展无止境。深中将一如既往地坚守与深圳相符的"敢为人先"的精神气质、与世界相通的包容开放心态，不断发展和完善适合不同学生发展的课程体系，尊重个性、主动发展、追求卓越，让每一个学生都可以在这里做出自己的选择，构想未来的形状，追逐自己的梦想，并逐渐成长为最好的自己。

——本文刊发于《基础教育课程》2022年第11期

1-6

为学生搭建多元发展立交桥，让每个孩子都有出彩机会
——在国际物理、化学奥林匹克金牌选手经验交流座谈会上的致辞

尊敬的各位老师、各位家长、各位媒体朋友，亲爱的同学们：

大家上午好！

从一开始得知杨天骅、薛泽洋、聂翊宸三位同学获得金牌的消息到现在，我一遍遍地看着他们手持国旗，充满自信地站在国际颁奖台上的照片，心情久久不能平静。一年三枚国际奥赛金牌——这在广东省历史上从未有过，三位同学不负众望，拔得头筹，为国争光，学校为你们感到骄傲！

第49届国际物理奥林匹克中国代表队合照

筚路蓝缕启山林，栉风沐雨砥砺行。深圳中学今天所取得的荣誉，是建校七十余年历史积淀和一代代深中人前赴后继共同努力的成果，是学校一直以来支持学生多元发展水到渠成的收获。同时，三位同学的成长离不开父母的陪伴和付出，离不开教练的尽心培养，离不开所有相关老师的鼎力支持。在此，我要对大家的辛苦付出表示真挚的感谢。

基础教育对拔尖创新人才的培养至关重要。中小学是人才成长的起点，是一个人品格、思维、习惯形成的关键时期。深圳中学一直以来积极探索培养拔尖创新人才的机制和模式，发现、孕育并系统培养人才苗子，努力建构一个符合人才成长规律，并与高等教育接轨的完整教育链。

第 50 届国际化学奥林匹克中国代表队合照

经过多年努力，深中数学、物理、化学三科竞赛已居全国前列，生物学、信息学竞赛近年来也实现新突破。截至目前，深中学子共获得 14 枚国际数学、物理、化学奥林匹克金牌，3 枚亚洲物理奥林匹克金牌；近十年（2009—2018 年）共获得 8 枚国际数学、物理、化学奥林匹克金牌；2018 年，周楷文在全国信息学奥林匹克决赛中获得深圳市首枚金牌。

这些成绩的取得并非一朝一夕，而是来自科学系统的设计、脚踏实地的落实和日积月累的坚持与探索。学校专门成立竞赛指导中心，从政策、机制、课程、队伍、资金和技术等方面系统规划、全面统筹，为人才培养提供制度保障；在落实国家基础课程标准的前提下，根据学生的年龄和学习需求，在初、高中开设针对性、特色化课程，满足学生个性化需求；搭建高端学术活动平台，让学生在国际比较中迎接挑战；打造高水平的师资队伍，为学生卓越发展保驾护航；拓展创新教育平台，持续丰富优质学习资源；邀请海内外知名学者讲学，开拓师生的学术视野；实行全员德育管理模式，培养学生健全人格。

深中会继续完善资优生甄别和培养体系、完善相关软件和硬件系统，努力形成具有深中特色的拔尖创新人才培养教育品牌，打造世界一流的"资优学生孵化器"。

借这个机会，我还想说的一点是，此次杨天骅、薛泽洋、聂翊宸为国争光，可喜可贺；但是深中学生的成才路径绝不止于竞赛，三位同学是深中七十余年培养的近四万名优秀学子的代表。学校一直以来努力营造"人人皆可成才、人人尽展其才"的良好环境，遵照"学校按需施教、学生按需选学"的课程观，为学生搭建多元发展立交桥，让每个人都有出彩的机会、拥有更广阔的人生。

常言道："孩子是祖国的花朵"，"十年树木，百年树人"。我们无法用一个标准评判所有花朵的美丽，因为每一个孩子都有一张天使般的脸庞；我们无法用一把尺子限定所有树木的成长，因为每棵树必将勾画出自己的年轮，正如每一个孩子都有自己的成长轨迹。

总而言之，我们要切实根据学生的需要和特长设计教育模式，在兼顾学生综合素养的前提下，争取把"长板"做长，这样他们未来自然而然会在擅长的领域中脱颖而出，从而最终有所成就。

"虽比高飞雁，犹未及青云。"2018年3月，习近平总书记参加十三届全国人大一次会议广东代表团的审议时强调，"发展是第一要务，人才是第一资源，创新是第一动力"。深圳中学今后一定会在深圳市委市政府对教育事业的高度重视下，在深圳市教育局的正确领导下，不忘初心、继续前进，创新工作思路，办好人民满意的教育，为深圳乃至全国发展提供更多优质的人才资源，在新时代续写新篇章。

谢谢大家！

2018年8月3日

1-7

上善之教若水
——在国际数学奥林匹克金牌选手经验交流座谈会上的致辞

尊敬的梁贯成主席，尊敬的各位领导、各位老师、各位媒体朋友，亲爱的同学们：

大家下午好！

念念不忘，必有回响。时隔七年，冯晨旭和彭也博同学在今年第 62 届国际数学奥林匹克（IMO）中，为深中 IMO 金牌榜再添两枚金牌。国际数学奥林匹克是全世界最高水平的中学生学术

第 62 届国际数学奥林匹克中国代表队合照

活动，继 2009 年作为第 50 届 IMO 中国国家队领队，我再一次从最近的距离，以倍加激动的心情，见证 IMO 中国国家队队员载誉而归。两位同学凭借自己的真才实学为深圳争得荣誉，为国家赢得荣光，你们是深中的荣耀，你们是深圳的骄傲，你们是国人的自豪！

自强不息，奋斗不止。2018 年，深中就曾开广东省之先河，一年获三枚国际学科奥林匹克金牌。三年时间，五枚金牌，而且涵盖数学、物理、化学三个学科，这在广东省是首次，在全国都实属难得。成绩的取得，非一朝一夕之功，这其中有三个因素非常关键。

第一，是理念。2017 年，深中提出"建设中国特色世界一流高中"的办学定位，致力于"培养具有中华底蕴和国际视野的拔尖创新人才"。落脚点定在"拔尖创新人才"，是深中基于对国家急需大批顶尖人才来突破发展瓶颈形势的考虑，敢于担当、主动作为，首次将"培养拔尖创新人才"提到了学校发展战略的至高地位。一所有远见的学校，不仅要看到教育的过去和现在，更要预见教育的未来。近几年，国家各项政策的出台印证了深中办学定位和培养目标的前瞻性和适切性：不论是今年全国两会，还是全国人大通过的《中华人民共和国国民经济和社会发展第十四个五年规划和 2035 年远景目标纲要》，基础学科拔尖创新人才的培养都是教育领域热议的话题。

第二，是制度。1978 年 3 月，邓小平同志在全国科学大会开幕式上提出，"必须打破常规，去发现、选拔和培养杰出的人才"。给予好苗子一个特殊的、适合的成长机会至关重要，基于这样的考虑，深中不断完善拔尖创新人才的识别、培养以及科创教育的实践运行机制。1993 年，组织创办初中超常教育实验班，致力于发现、培养有潜力的资优儿童。2017 年，与华为合作设立"深圳中学-华为特殊人才奖",在初、高中阶段发掘在基础科学领域有特殊专长的天才、偏才、怪才,彭也博同学就是在此机制中获得发现和培养的。2019年,开办高中博雅班,以文史方向为重点实施文理融合、广博而有深度的培养模式。2020年,开办华为-深中高中数理实验班(市班/省班)。

培养拔尖创新人才,不能囿于一时、不能囿于一地,要与时俱进、要"开门办学"。截至目前,深中已与华为、腾讯、大疆等国内顶尖企业和清华大学、北京大学等著名大学共建19个创新体验中心和创新实验室,下一步会在现有基础上,对创新体验中心和创新实验室课程进行完善和提升,并邀请更多海内外知名学者进校指导,让学生从小在心中埋下科学的种子,并立志成为科学家。

第三,是师资。拔尖创新人才培养的关键是,在一个开放包容的环境里,优秀的老师和优秀的学生从物理接触进入化学反应,互相激发、共同成长。目前,深中教师队伍中,博士教师80余人,北京大学、清华大学毕业的教师100余人,哈佛大学、麻省理工学院、牛津大学、剑桥大学等海外顶尖名校毕业的教师50余人;不仅如此,深中还拥有一支全国顶尖的竞赛教练队伍,例如今年的金牌教练王坤老师获2000年CMO金牌并入选国家集训队,金春来老师获1999年CMO银牌,吴边老师获2007年CMO银牌——这三位教师是深中数学竞赛教练组的教师代表;我们物理、化学、生物、信息、天文等竞赛教练组的老师也都非常优秀,他们大多拥有非凡的竞赛经历,或毕业于清华、北大,或是从北京等地的名校慕名而来,究其原因,除了深圳这座城市的魅力,还有一个重要的因素,就是深中拥有全中国最优秀的学生群体和先进的校园文化,"得天下英才而教之"是每一位追求卓越的教育者孜孜以求的目标。

一校之大，不在大楼，而在大师。深中不仅吸引了全国各地的高端人才，乃至世界名校的博士、硕士来任教，而且受到越来越多初中毕业生的青睐——深中的中考录取分数线自2018年以来连续四年稳居全市第一。究其根本，很大程度就是因为深中近几年高度重视并不断加强师资队伍的建设。我常说："只要我们有好老师，好学生就一定会到深中来，好老师和好学生相互吸引、相互成就，这是一个良性循环。"最好的老师就会吸引到最好的学生，同时也会助力"最好学生"实现更优发展；最好的学生继而会吸引更多最好的老师，同时也会给"最好老师"的素质提出更高的要求——能够将本身已具备的学术形态较快转换为教学形态就是非常关键的一个环节。例如，深中教师为学生开设的选修课有300余门，专业性强、涵盖面广，其中颇具代表性的是以博士教师为主讲人的"深中博士讲堂"，讲座主题涉及数学、物理学、化学、生物学、语言学、医学、历史学等学科最前沿的科研领域，例如谭金旺博士讲授的"从坎巴拉到特斯拉——计算物理学的广泛应用"、罗天挚博士讲授的"化学之美"、范文嘉博士讲授的"自然语言处理"等。每周四下午，只要我有时间，就会去现场聆听学习，每一次听完都心潮澎湃，为他们深入浅出、生动活泼的讲解所震撼，为学生在高中阶段就能及时了解到科学最前沿的思想和方法而感到高兴。对于学生而言，博士讲堂的主讲人都是自己班级上的任课老师，这在无形之中就拉进他们与科学的距离，而且每周都能受到这样近距离、高品质学术盛宴的熏陶，学生不仅会在知识上获益匪浅，更重要的是，他们也许就借这样的机会发现了自己热爱的领域，并有可能在未来将其发展成为自己一生追求的志业，甚至成为这个专业领域的科学家。

以上三点是深中在拔尖创新人才培养方面的一些工作举要，

此外，我们在发展的过程中也遇到一些难题和瓶颈——深中一直希望建构一个初、高中两部接轨的完整教育链，因为人才苗子的发现和培育一定是越早越好，例如今年清华大学发布的"丘成桐数学科学领军人才培养计划"就已经把招生对象放宽至初三年级。深中一直建议并呼吁：学生天资各异、各有所长，因材施教是中华民族千锤百炼的教育思想，因此，实事求是、不拘一格、摒弃"一刀切"，因材施教、尊重教育规律、增加课程弹性和多样性，是形成培养拔尖创新人才良好生态的必由之路。

最后，和大家分享一则喜讯：截至目前，2021届深中学子共有41人被清华、北大录取，全省第一。从1959年张月林成为被清华录取的深中第一人，到1997年深中学子韩嘉睿获得深中第一枚国际学科奥林匹克金牌，再到近年来每年数十人被清华、北大录取，70多年来，一届届深中学子始终坚持"追求卓越、敢为人先"的深中精神，闯难关、夺佳绩、创历史。

"大美其美，美美与共。"让每个学生都有出彩的机会，把学生输送到理想的大学，是深中对学生、对家庭、对深圳、对国家义不容辞的责任与担当。"初心不改，使命不息。"加快建成中国特色世界一流高中，为2025年深圳建成现代化国际化创新型城市提供有力的教育支撑，为中国特色社会主义事业培养更多合格建设者和可靠接班人，为国家能培养出更多院士、菲尔兹奖获得者、诺贝尔奖获得者等世界顶尖人才添砖加瓦，深中任重道远，未来定会再创新辉煌。

谢谢大家！

2021年7月27日

1-8

仰之弥高，钻之弥坚
——在国际数学、化学奥林匹克金牌选手经验交流座谈会上的致辞

尊敬的丘成桐院士、各位领导、各位老师、各位媒体朋友，亲爱的同学们：

大家上午好！

今天是个非常美好的日子，欢迎丘先生一行莅临深圳中学国际数学奥林匹克、国际化学奥林匹克、全国信息学奥林匹克金牌选手座谈会，这是继 2018 年、2021 年后深中的第三次金牌选手座谈会。六年时间，七枚国际数学、物理、化学奥林匹克金牌，这是深中的骄傲，更是深圳教育乃至广东教育的荣耀。

深圳中学奥赛金牌选手座谈会现场

今年，姜志城和孙昊喆两位同学在国际赛场上为国争光，分获国际数学、化学奥林匹克金牌；李可、蔡立一、欧阳达晟三位同学获全国信息学奥赛金牌，入选国家集训队，这是深中，也是深圳信息学竞赛的历史性突破。五位同学在学术赛场上展现出来的顽强拼搏、精益求精的精神，将激励和鼓舞更多深中人勇毅前行、续写辉煌，再次向各位金牌选手及其教练表示衷心的祝贺！得金牌只是万里长征的第一步，同学们未来还有很长的路要走，希望你们不忘初心、志存高远、再接再厉，做出更大的成绩，为国家、为民族、为人类、为世界作贡献。

第 64 届国际数学奥林匹克中国代表队合照

深中为学生搭建多元发展立交桥，学科竞赛是深中学子展示自我的舞台。六年多来，深中在建设中国特色世界一流高中目标的指引下，围绕拔尖创新人才培养，在办学理念、师资队伍、课程改革、校园文化、国内高考、学科竞赛、国际教育、科创教育、艺体教育、服务社会等诸多方面做了大量探索和实践，取得丰硕成果。

"孤木难成林，百川聚江海。"深中能够取得今天的成绩，得益于社会各界对学校的理解、认可与鼓励，感谢深圳市委市政府、市教育局的正确领导和无比关怀，感谢清华大学、北京大学、华为、腾讯、大疆等大学、企业对深中的支持和帮助，感谢丘先生等热衷于教育事业的海内外著名学者对深中发展的关心和指导，感谢广大深圳市民一直以来的关注和关爱。

第 55 届国际化学奥林匹克中国代表队合照

"滴水汇成河，聚沙终成塔。"深中有今天的荣耀，是一代代深中人 76 年来接续努力、厚积薄发的结果，更是六年多来我们在顶层设计、师资培养、课程改革、平台搭建等方面持续创新、走在时代前列，始终越挫越勇、始终拼搏奋斗，得来不易的收获。

第一，是学校顶层设计。2017 年，我提出"建设中国特色世界一流高中，培养具有中华底蕴和国际视野的拔尖创新人才"。

2018年，习近平总书记在北京大学考察时强调："坚持办学正确政治方向，努力建设中国特色世界一流大学。"习近平总书记的这番话，让我们更加坚定了建设中国特色世界一流高中的步伐。党的二十大报告一锤定音："全面提高人才自主培养质量，着力造就拔尖创新人才"，这为深中拔尖创新人才培养注入了更多的信心和力量。如今回头看，六年前深中办学理念的提出，不仅彰显着时代的价值，更走在了时代的前列。

第二，是师资队伍建设。2023年7月25日，教育部印发的《关于实施国家优秀中小学教师培养计划的意见》明确指出，"让优秀的人培养更优秀的人，夯实拔尖创新人才培养基础"，"从2023年起，国家支持以'双一流'建设高校为代表的高水平高校选拔专业成绩优秀且乐教适教的学生作为'国优计划'研究生"。事实上，引进"双一流"建设高校优秀毕业生，培育他们站稳讲台、站好讲台、超越讲台，深中已努力探索实践了近七年。2017年1月我到任深中校长，在第一次全校教工大会上，我提出了建设世界一流高中的多个维度，其中有一个就是：在任内要引进100位清华、北大的毕业生和100位博士。当时有很多老师不相信，觉得这是很难实现的目标。如今，不仅"两个100"的目标实现了，还引进了80余位海外著名大学毕业生，而且这些高水平人才在深中工作得舒心、生活得幸福。其背后的原因，是深中一直践行以人为本的管理理念，努力营造宽松和谐的工作氛围，在生活上关心他们、在工作上帮助他们、在思想上引领他们，在开展系列教育教学培训的基础上，不断创新开拓高端人才发展路径。例如，2023年4月，深中在全国开创项目制博士工作室先河，首批成立了7个博士工作室，分别是：丘成桐科学奖博士工作室、清华数学领军计划博士工作室、北大物理卓越计划博士工作室、清华物理攀登计划博士工作室、iGEM 博士工作室、港澳课程研究博士工作室和科技创新博士工作室。通过在专业化师资培训和多元发展平台中学习和历练，我们的老师不仅在从事教育事业的过程中实现了个人价值，更用各项数据和事实证明："用优秀的人教育下一代，可以培养出更优秀的人"。

第三，是课程深化改革。一直以来，以清华大学、北京大学为首的著名大学都在探索和实践着拔尖创新人才发现和培养的改革。近年来，清华大学、北京大学又开创了三个新赛道，分别是清华大学的数学领军计划、物理攀登计划，以及北京大学的物理卓越计划。为了适应这样的新形势，深中与时俱进，开设了相应的选修课，并且锐意改革，在今年新高一开办首个数理英才班，依托三个相关的博士工作室，开发相关课程、制订培养计划。除此之外，2021 年，深中在丘先生的支持下开办丘成桐少年班；2022 年，开办港澳子弟班。从最初的构想设计，到多方协调，再到最终的落地实施，每一项创新工作的完成都是一次爬坡过坎的挑战，都经历了重重困难和种种辛酸，都铭刻着很多凝聚深中人心血和汗水的故事。但我们始终抱定一个信念：越是伟大的事业，越是充满挑战，就越需要我们知重负重、奋勇前行。

第四，是资源平台搭建。拔尖创新人才培养是一项系统工程，不仅需要基础教育阶段和高等教育阶段的紧密配合，还需要融合社会各界的优质教育资源。2023 年 5 月 17 日，教育部等十八部门联合印发的《关于加强新时代中小学科学教育工作的意见》提出："鼓励高校和科研院所主动对接中小学，引领科学教育发展……倡导联合共建创新实验室、科普站、人才培育班，探索大学、中学双导师制，进行因材施教。"深中与大学、企业合作已拥有 23 个创新实验室和创新体验中心，以及配套创新选修课程 20 余门。今年新落成的工程技术创新体验空间是一个新的亮点,实用面积逾800平方米,有机整合清华大学朱邦芬院士工作站、南方科技大学薛其坤院士量子创新实验室、大疆创新科技有限公司创新体验中心、比亚迪新能源汽车创新体验中心、机器人实验室等多个空间,助力开展学科融合和全链条整合,实现学生的跨学科学习和跨领域思考。如今,该空间已成为深中师生午休和下午4:35分后常到的"科普基地"和深中新的热门"打卡地"。

"苟日新,日日新,又日新。"人才的培养不是一蹴而就的,而是需要数年乃至数十年的长期、连贯的投入和持之以恒的与时俱进、开拓创新,才能取得较好的成效。拔尖人才的培养更是如此,深中历史上取得的任何一个"金牌""第一""冠军"等亮眼成绩背后,都是全体深中人无尽的汗水和泪水,是我们无数个为梦想拼搏的日日夜夜。每一次"第一",都是一个全新的起点。六年多来,深中一直保持着"闯"的精神、"创"的劲头、"干"的作风,从来没有停止向前的脚步,从来没有满足于任何一次成绩,从来没有停止追求卓越。

"人生能有几回搏",没有人能随随便便成功。世界一流高中的建设之路充满坎坷,有时候我们也会迷茫和沮丧,未来的目标常常"瞻之在前,忽焉在后"。但是,在"追求卓越、敢为人先"精神传统的感召下,我们始终"仰之弥高,钻之弥坚",这是深圳的气质,更是中国的精气神。深中一定会继续努力,勇往直前,尽快建成世界一流高中,回报社会关心,回应国家期待,为拔尖创新人才早期培养贡献深中力量、深圳智慧。

谢谢大家!

2023年8月11日

1-9

坚定信心，稳执牛耳

——在 2022 年高考数学考试结束后的动员讲话

> 编者按：2022 年 6 月 7 日下午，高考数学考试结束后，考生普遍反映数学试卷太难，瞬间成为全国关注的焦点和讨论的话题。当晚，深中高三年级各班的班主任及任课老师联络学生和家长，开展心理疏导工作，鼓励学生以积极的心态迎接后续的考试。6 月 8 日上午 7 点 45 分左右，朱华伟校长到老校区备考室送考，依次问候 17 个班级的考生后，当即决定利用进考场前的十分钟时间，向全体高三学生发表动员讲话。

亲爱的 2022 届高三毕业生：

人生不如意常有，但是我们这一届同学碰到的不如意实在是太多太多了。你们在少年时期就遇到了这么多的人生磨难，从 2020 年因疫情的居家网课学习，到 2022 年因疫情形势严峻的集体封校 45 天，再到昨天的数学考试。今天早晨一进备考室，就有两位同学来找我倾诉数学题难，心情十分低落、一脸无奈，我心里五味杂陈，所以想借此机会和同学们讲几句：大家太难了，辛苦大家了！但是，同学们所经历的这些苦、这些难、这些考验，都是你们人生的积累，都是你们的人生财富，都将对你们今后的人生起到积极的作用。

下面，我简单说一下昨天的数学考试。大家都知道我是数学老师，从事数学教学与研究 41 年，也编写了很多数学书。在你们高一、高二的时候，学校给大家发过一套我编写的书《高中优等生数学一课一练》（8 本），你们还记得这套书的颜色吗？（学生齐答"绿色"）它比普通的同步教辅书要难很多，这次高考的数学题就和那套书难度相当，只是今年高考把一些比较难的题目都集中到一张试卷上了，再加上两个小时的时间限制，确实很难做完。像《高中优等生数学一课一练》这样难度的数学书籍，其他学校很少会学，既然我们已经学过、练过，大家就一定要充满自信，因为高考不是看绝对分数，而是看比较优势，如果我们不会做，其他学校只能比我们不会做的题目更多。我们还开设了校本选修课"数学培优教程"，学习了这门课程的同学，做昨天的高考数学题就是降维打击。从深中历来的经验看，凡是哪一年高考数学题难的，我们就会考得相对比较好。例如 2019 年高考是前几年数学题比较难的一年，我们就考得比较好；去年 1 月也就是 2021 届学生参加的全国八省联考，数学题比较难，最后的结果是，广东省理科前 50 名，深中占 11 人，优势显著。而且，今年的题目也不是最难的，最难的是 1984 年，满分 120，全国平均分只有 20 多分。

同学们，无论如何都要坚定信心，更何况还有四场考试，最终的录取是看总分，求 Σ。为了总分的最大化，希望大家接下来做好三方面的心理准备：一是题目非常容易，不要掉以轻心；二是题目特别难，要稳住心态，做出一道是一道；三是题目难度适中，这是最好的状态，刚好适合你的水平。无论是遇到哪种情况，希望同学们都可以应对自如，把会做的题目做对，千万不要把会做的题目做错，这是最令人惋惜的。今天上午考物理、历史，物理、历史也是深中的强项，相信大家一定会考好。

　　最后，祝同学们在接下来的考试中取得令自己满意的成绩，深中 2022 年高考成绩一定更加辉煌，稳执牛耳！

　　谢谢大家！

2022 年 6 月 8 日

第一辑　仰之弥高　钻之弥坚

1–10

人生道路漫长，紧要处只有几步

——在寒假看望 2024 届高三学生自习时的勉励讲话

亲爱的同学们：

大家好！

我们 1 月 28 日开始放寒假，在座的各位同学自愿坚持在校自习，为高考自主复习，精神可嘉，你们辛苦了！

路遥说："人生的道路虽然漫长，但紧要处往往只有几步，特别是在人年轻的时候。"在中国，考上一所好大学，就可以少走很多弯路。我们从小学一年级学到现在，11.6 年过去了，现在是进入大学前的最后几个月，也是决定我们一生命运关键的那一步。毛主席曾为中国人民抗日军事政治大学题写了八个字：团结、紧张、严肃、活泼，成为抗大的校训。大家在高一高二学得生动活泼，现在到了高三冲刺阶段，就应该紧张一点、严肃一点，拿出"头悬梁锥刺股、凿壁借光"的精神，争分夺秒、拼尽全力地把高考复习扎扎实实做好，考上理想的大学，不辜负自己在深中三年的时光。

以接下来的寒假为例，春节是中国的传统节日，也是最重要的节日，但是几十年以来我几乎没有看过春晚，我用大家看春晚的时间来读书、写书、写文章。华罗庚说："勤能补拙是良训，一分辛苦一分才。"我发表了 100 多篇论文、出版了 100 多本书，都是靠勤奋、靠一分一秒的时间累积出来的。同学们的高考复习也是一样，你多抓住一分钟时间，就超过别人一分钟；你多利用十分钟，可能就超过别人一分。

  这次的"四校联考"就是对大家复习水平的一次检阅。有些同学没考好，说是因为"数学题出得难、出得不好"，这不是理由。我经常说，我们作为应试者，就要对各种难度水平的试题做好充分的心理准备和实力准备。2022年的高考数学卷子就比较难，但那些做好十足准备的同学就考得很好。同学们，不论哪次考试的哪个科目没考好，不要一味地找客观原因、怪出题水平，而要多找主观原因，要通过自己的答题结果好好总结经验和教训。而且，在大考之前考不好往往不是坏事，刚好可以提醒我们戒骄戒躁、找差距、补短板，不到最后一刻不松懈。

  最后，希望大家好好利用春节假期，合理安排游玩时间，在高中最后一个关键的寒假抓紧学习，考出自己满意的成绩，考上理想的大学。

  提前祝大家新春快乐！

  谢谢大家！

2024年2月1日

1-11

拓展国际视野，开创教育未来
——在哈佛HSYLC峰会开幕式上的致辞

尊敬的各位领导、各位嘉宾，亲爱的同学们：

大家上午好！

骄阳灼灼，夏日正浓。在这充满生命力的时节，哈佛峰会首次来到华南，并落地深中。在此，我代表深圳中学向莅临哈佛峰会的各位领导和嘉宾，向远道而来的哈佛大学同学和参加本次哈佛峰会华南分会场的同学们表示热烈的欢迎！

哈佛 HSYLC 峰会开幕式

"相知无远近，万里尚为邻。"深圳中学与哈佛大学间的交流不仅仅是知识的传递,更是中美两国青年友谊的象征和文化互通的纽带。今年七月,哈佛大学本科生合唱团来到深圳中学,与深中合作进行了一场精彩的音乐演出,两校学生在活动中都展现了卓越的音乐才华与深厚的文化底蕴,堪称中美青年文化交流的典范。

哈佛 Din and Tonics 合唱团在深中演出

哈佛合唱团视频

今年八月,哈佛大学的优秀师生和明星讲师再次来到深中,为同学们提供一系列多元有趣的优质课程,让大家感受前沿国际教育的理论和实践。哈佛峰会把两国最优秀的学生汇聚在一起,给予了中美两国青年深度领略对方学术风采和文化个性的机会,同时也通过小班研讨和项目式学习的方式,充分拓展同学们想象力与创造力的边界。相信通过此次的深度交流和学习，中美最优秀的青年可以碰撞出更加耀眼的灵感与火花。

哈佛 HSYLC 峰会活动现场

2017 年，深圳中学提出：建设中国特色世界一流高中，培养具有中华底蕴和国际视野的拔尖创新人才。深中坚持以人为本的理念，为学生搭建多元发展立交桥，因为我们坚信：每个孩子都有自己独特的潜力和天赋，每个人都有出彩的机会和可能——这与哈佛大学、哈佛峰会的教育观念有很多契合点，我们注重的不仅是知识的传授，更是学生对家国情怀的传承和对学生国际视野的开拓，以及对学生品格的塑造与社会责任感的培养；我们不仅鼓励学生在学术领域深度探索，也给予他们在艺术、体育、社会服务等方面多样化的发展机会，让他们各展其才、尽展其才。

亲爱的同学们，哈佛峰会今年首次来到华南分会场，深中将为大家提供一个开放、包容的平台，让你们能够有机会汲取来自全球各地的智慧和灵感。希望你们在这里一方面能取得学术上的进步，另一方面也能在思想上和情感上获得深刻的体验和成长。

最后，衷心祝愿此次峰会取得圆满成功，祝福同学们在未来不断追求卓越、超越自我！

谢谢大家！

2024 年 8 月 10 日

第二辑

创新教育　面向未来

　　创新是一颗种子，它可以在校园的各个角落生根发芽、开枝散叶；创新是一种理念，它可以体现在各个学科的课堂教学中；创新是一种文化，它可以融入学校活动的方方面面。办学特别需要好的文化氛围，拿"泡菜"打个比方：泡菜的味道决定于泡菜水，泡菜水好，无论是白菜、萝卜、黄瓜，泡出的味道都好，否则，结果相反。

2-1

深圳中学：为创新培养设一个"文凭"

4月9日，2018年中国大智汇创新研究挑战赛（CTB）北美总决赛在哈佛大学举行。由学校实验体系出国方向高二学生组成的 Super Solar Energy（SSE）项目团队，经过三轮高强度的项目展示，完成了哈佛大学教授组成的评审团队的答辩，最终在50支总决赛队伍中脱颖而出，获得创新团队奖。这是学校十四年新课改的缩影之一。

CTB 获奖选手与指导老师合影

在深中课程建设中，学校的落脚点在于"关注学生个性化、多样性的发展,关注育人目的",因此格外注重挖掘教与学的广度与深度,在课程设计上体现基础性、综合性、应用性、创新性,着力培养学生发展的核心素养。学校将国家课程和校本课程进行整合,并加以校本化处理,打造具有鲜明深中特质的"文凭课程",旨在培养具有中华底蕴与国际视野的拔尖创新人才。

文凭课程由认知技能、自我成长、文化审美、体育健康、实践服务和研究创造六大课程群组成,涵盖语言与文学、数学、社会科学、自然科学四大领域,包括语文、英语、数学、政治等9个学科,共计184门课程。文凭课程的授课主体多元,除本校教师之外,还有在校学生和社会客座教师。学校选取了其中的32个课程模块面向社会招募热心教育公益事业的客座教师,历届学生家长、校友乃至社会专业人士均可申请,走上讲台给学生授课。课程内容呈现多维度,既有适合学生个性化发展的学科专业课程,也有关注学生自身兴趣爱好的社团课程,还有体现高端学术需求的创新体验及实验课程。同时,为尊重学生的创造性,学校鼓励学生自主发起文凭课程。在这样的氛围中,学生自我管理、自我教育的能力会逐渐增强。

单一的评价标准,只会导致千人一面的结果。因此,改革学生评价体系,关注培养优秀学生的自由高效学习能力,让学生可以通过校外学习、网络学习、国际交换学习经历等方式换取或免听部分相关课程以获得学分。这一评价体系是帮助学生实现"会了的不用学、感兴趣的可多学、研究性的深度学"的有效学习路径,同时也是构建深圳中学学生综合素养评价体系的重要组成部分。

课程体系的创新"步步生花"。从2010年开始,学校创新课程模式,设计并实施了以标准、实验、荣誉为主体的三大课程体系。经过 8 年的实践与探索,各具特色的课程体系已经基本成形,供不同需求、不同特质的学生入校时自主选择。

三大课程体系的针对性各不相同。以"学术型、标准化、有效性"见长的标准课程体系是对考纲的进一步深化,注重学生的研究能力和学科素养的培养,目标在于培养具有良好个人修养和家国情怀的深中学子。这也是新课标的着眼点之一。

以"独立、思考、合作、创造"为核心的实验课程体系,引进"互联网+"技术,为学生打造国际素养、全球网络、自我成长、领导力等 6 大门类课程。该体系数学和英语学科实施分层教学,实行导师制管理模式,以满足各类学生的不同需求,旨在培养"深度探究者、专注笃行者、积极创造者"。

荣誉课程体系倡导"科学、自由、动脑、动手"的体系文化,将学科竞赛、科技创新作为体系特色课程设计的中心,设有学科竞赛、中国大学先修(AC)、自主招生(数学、物理)、高端学术活动 4 大类课程。班级管理采取"班主任+主教练"的全员管理模式。

为了丰富学校教育资源,学校还拓宽学生国际化视野和培养学生拔尖创新能力。借助有利的地缘条件和丰富的校友资源,学校开创了包括科创类选修课、深中大讲堂、深中博士讲堂、大学先修课程在内的一系列高端特色课程,实现跨学科 STEM(科学、技术、工程、数学)课程和 PBL(问题式学习)项目研究方法的有机融合。

目前,学校已与腾讯、华为、科大讯飞等知名企业共建 10 个创新体验中心,与中国科学技术大学、香港中文大学(深圳)、深圳大学、加拿大阿尔伯塔大学等高校共建 4 个创新实验室,开设了 AP 物理、AP 微观经济、AP 微积分等 19 门与大学一年级水平相当的大学先修课程。

腾讯创新体验中心

创新体验式教育以体验中心、实验室为基地,通过主题讲座、实地观摩、案例学习、课题研究等活动,让学生在专业研究人员的指导下,学习和参与研发案例,从而提高创新实践能力和科学研究水平。这一系列高端学术课程不仅为发展学生科研创新思维能力提供了优质平台,也让深中学子的学术研究能力在国际舞台上大放异彩。

——本文刊发于《中国教育报》2018 年 4 月 25 日第 5 版

融合创新课程资源,为学生成长赋能
——在 2018 年高中教育发展论坛上的演讲

> 2018 年 12 月 7 日至 8 日,北京圣陶教育发展与创新研究院、上海市教育学会在上海市上海中学举办"2018 年高中教育发展论坛",主题是"高中课程建设的现代性实践"。朱华伟校长率深中 20 余位中层干部及教师代表参加,并发表主旨演讲。

尊敬的各位校长、各位老师:

大家上午好。

今天我演讲的题目是"融合创新课程资源,为学生成长赋能"。我主要讲三个关键词:创新、融合、赋能。

朱华伟校长主旨演讲现场

首先，创新是时代的命题。 从 20 世纪 90 年代末的 IBM "深蓝"象棋大战，到 2016 年的 AlphaGo 围棋大战，以及之后出现的 AlphaZero，人们深刻感受到了人工智能的魅力。但是人工智能越发达，教育尤其是创新教育越重要；信息技术飞速发展的今天，我们更需要培养学生的独立思考能力和创造力。未来许多机械、简单、重复的劳动一定会被机器替代，但人的创新能力是机器永远无法取代的。

创新是深圳这座城市的气质。今年是改革开放四十周年，"创新"一直是深圳体内流淌的血液基因；四十年来，深圳年均经济增速为 23%，经济总量从建市之初到 2017 年共增长了 1 万多倍。四十年前的南国渔村，今日已在世界创新舞台上引人注目。正如深圳市委书记王伟中在省十三届人大一次会议深圳代表团开放日上提到的那样："创新已经成为深圳的城市基因和显著优势，到 2035 年要将深圳市建成可持续发展的全球创新之都"。

深圳中学地处这样一座以创新驱动发展的城市，并伴随着深圳的成长而成长，因此自然拥有着与深圳气质相符的文化和精神。在去年建校 70 周年之际，学校发起了关于"深中精神"的大讨论，得到各届校友的热烈回应。经过充分讨论和反复斟酌，我们在所有答案中取了"最大公约数"，确定了认可程度最高的八个字作为深中精神的总结："追求卓越、敢为人先"，这是深中校园文化的核心所在。七十余年来，学校开展了诸多教育教学改革，培养了一批富有开拓创新精神的人才，这就是对"敢为人先"的最佳注脚。在中国特色社会主义进入新时代和国家加快建设"双一流"的背景下，我们提出了"建设中国特色世界一流高中"的办学定位，也体现了深中人"追求卓越"的精神内核。

"中国特色"是新时代的要求，提出"世界一流高中"是响应国家建设"双一流"大学的号召——建设世界一流大学,一定要有世界一流高中;没有世界一流的高中生,就没有世界一流的大学生源。对应世界一流高中,我们提出了新的培养目标,培养具有中华底蕴与国际视野的拔尖创新人才。创新型人才的核心是创造力,创造力主要有三个维度:创造性精神、创造性思维和创造性能力——这三个方面也是学校培养人才的主要着力点。

  我要讲的第二个关键词是"融合"。深圳中学坚持开门办学,融合社会上各种优质的教育资源,致力于打造深中的"创新生态"。创新生态是近年创新政策领域逐渐兴起的概念,是一个地区通过科技创新实现高质量、高效益、可持续发展能力的综合体现。学校的创新生态,强调不同创新主体间的关联互动、形成合力,共同为学生的成长赋能。

  一是搭建平台,延伸课堂。深圳拥有很多世界著名的创新企业,而且这些企业都是改革开放之后发展起来的,这些企业本身都是创新的成果,它们有很好的创新文化、创新思维。截至目前,深圳中学借助有利的地缘条件和校友优势,已与腾讯、华为、大疆、科大讯飞等著名企业共建11个创新体验中心,与中国科学技术大学、香港中文大学(深圳)、深圳大学、加拿大阿尔伯塔大学等高校共建4个创新实验室,分别是中国科学技术大学语音识别创新实验室、香港中文大学(深圳)智能机器人创新实验室、加拿大阿尔伯塔大学刘江枫数学创新实验室和深圳大学空间智能创新实验室。每一个创新体验中心和创新实验室都有相应的教室和对应的负责人,日常工作包括常规教学、课程建设、日常活动、竞赛活动、课题探索和教学研究。

  以深圳光启高等理工研究院创新体验中心为例,除了开展"利用传感器进行物理实验"等项目和开发"科学探索实验"等校本课程，中心还会定期组织教育教学研讨以及参观光启高等理工研究院。全国最好的无人机公司——大疆创新科技有限公司，与深中也有合作。双方聚合优势资源建立的大疆无人机创新体验中心，旨在打造一个无人机、机器人专业示范性实践教育平台，合作培养具有思辨精神、创新能力的科技人才。大疆经常会派年轻的博士到深圳中学指导学生，并开设了与科技创新相关的课程。同时，深圳中学负责管理的深中南山创新学校，大疆也给予了很大的支持。

大疆无人机创新体验中心

丰富多元的平台不仅拓展了学生的学习空间，为教师提供了高端的专业发展平台，而且汇集了各领域的专业人员参与校本课程设计开发，进行学术讲座分享，进而培养了师生的学术素养和专业精神。

二是一体两翼，共促发展。首先，以多元课程为"主体"，通过国家课程、校本课程等多种方式夯实基础。除了国家规定的必修和选修课程，深中开设了丰富的校本课程。我们这学期就有88门选修课，其中与科技教育有关的有近10门。例如数学建模的授课老师是深中97届的毕业生，深中历史上第一位国际学科奥林匹克金牌获得者韩嘉睿博士，他每周四下午义务给学生上课。此外，在确保贯彻落实和积极调适国家课程的基础上，深圳中学开发了以项目式学习（Project-Based Learning，PBL）为主要模式，以工程和技术为核心，结合信息、技术、数学、物理、生物、化学、政治等学科的校本系列STEAM课程。

"一体两翼"模式的主体为课程，"两翼"为社团活动和学术活动。学校鼓励学生积极参与感兴趣的社团和富有挑战性的高端学术活动拓宽视野。其中，社团的招募、活动开展都是学生自己完成的。深中有一百多个社团，和科技活动相关的社团有18个，其中星火创客空间是最具代表性的一个。2014年4月15日，由当时中国最小的"创客"胡镕博同学成立了第一个中小学创客社团"深圳中学星火创客空间"，代表着科技创新在中小学一定能够成星星之火可以燎原之势得到巨大的发展。4月15日也被定为深圳中学初中部的创客日，每年在这天都会举办学校的创客节。截至目前，我校连续举办了四届创客节和一届创客展。创客文化渐渐深入人心，学校逐渐形成了人人有创新、个个出创意、动手与动脑紧密结合的学习氛围。

另外"一翼"是高端学术活动。深圳中学参加了包括美国青年物理学家邀请赛（USIYPT）、国际基因工程机器大赛（iGEM）、FIRST机器人大赛、丘成桐中学科学奖、中国大智汇创新研究挑战赛（CTB）等三十余项国内外著名的学术活动。

星火创客空间

三是协同力量，整合资源。创新教育走的是一条前人未走过的道路，因此创新教育本身就需要做到创新，尤其在制度上，学校要给予充分的支持和保障。为了给各创新体验中心和创新实验室提供交流共享的平台，我校于 2015 年 7 月成立了创新活动中心，专门负责学校的科技与创新教育，包括设计与规划创新课程、组建优秀教练团队、组织学生参加各级各类创意大赛、开展高端学术活动等。此外，我们在近两年邀请了海内外五十余位知名学者走进"深中大讲堂"进行交流，如诺贝尔化学奖得主阿龙·切哈诺沃博士、北京大学副校长王杰教授、清华大学副校长薛其坤院士、香港中文大学（深圳）校长徐扬生院士、南方科技大学副校长汤涛院士、科大讯飞董事长刘庆峰等。

2017 年，我们与华为合作设立"深圳中学-华为特殊人才奖"，在初、高中阶段发掘并资助那些在基础科学领域有特殊专长的天才、偏才、怪才，进一步加强拔尖创新人才的培养，助力他们成长为国家栋梁之材。目前已启动"个别化教育计划"（Individualized Education Plan），该计划是根据学生的身心特征和实际需求拟定的针对有特殊需要及才能的学生实施的教育方案，它既是有特殊潜能学生教育和身心全面发展的一个总体规划，又是学校未来针对其特质开展教育教学工作的指南。

四是人人参与，培植文化。创新文化的孕育与生成不仅需要宏观层面国家政策的引导和支持，而且需要中观维度学校的制度保障和文化熏陶以及微观视角下教师的理念认同和践行。创新教育不是仅局限于信息技术课堂或者一些特定的选修课和社团，深圳中学鼓励教师根据所在不同学科的特点和学生差异，采取适当方法将创新思维整合进现有课程体系，融入日常的学科教学，培养学生的批判性思维和问题解决能力。

所以说，创新是一颗种子，它可以在校园的各个角落生根发芽、开枝散叶；创新是一种理念，它可以体现在各个学科的课堂教学中；创新是一种文化，它可以融入学校活动的方方面面。办学特别需要好的文化氛围，拿"泡菜"打个比方：泡菜的味道决定于泡菜水，泡菜水好，无论是白菜、萝卜、黄瓜，泡出的味道都好，否则，结果相反。

我要讲的最后一个关键词是赋能。学校教育的出发点和落脚点是培养学生，让学生有更好的发展。例如，2017年深中学子荣获国际基因工程机器大赛（iGEM）全球金奖，3名学生的论文入选美国知名高中学术杂志 *Pioneer Research Journal*，是全球入选学生人数最多的学校（全球共22篇）。同时，学校丰富多彩的科技活动也为学生提供了多元成长的平台，深中的高中毕业生得到了众多世界著名大学的青睐。

2017 年深中代表队参加 iGEM

截至目前，深中学子共荣获 14 枚国际学科奥林匹克金牌。在 2018 年第 49 届国际物理奥林匹克（IPhO）中，中国队 5 名选手全部获得金牌，中国队获得团体总分第一名。我校的杨天骅（高一）同学位列世界第一，薛泽洋同学位列世界第九，其中杨天骅同学获得了个人总分第一、理论总分第一、实验总分第一的佳绩。在 2018 年第 50 届国际化学奥林匹克（IChO）中，中国队 4 名选手全部获得金牌，中国队获得团体总分第一名。其中我校聂翊宸同学个人理论成绩世界第一，获得最佳理论奖。

陶行知先生说："教育不能创造什么，但它能启发儿童创造力以从事于创造工作。"我们做的所有这些事情并不是要把中学生培养成某一个领域的专门人才，而是希望通过这些平台让学生发现自己的兴趣和潜能所在。中小学创新教育的价值不是培养专门的创新人才，而是培养学生的主动探索精神、动手能力和批判性思维能力，让广大师生更加主动、更有创意地投入校园生活，从而形成一种健康向上、勇于创新的校园生态文化。

2018 年 12 月 8 日

2-3

面向未来，科技如何推进真实的教育
——在 2019 年高中教育发展论坛上的演讲

> 2019 年 10 月 25 日至 26 日，北京圣陶教育发展与创新研究院在北京人大附中举办"2019 年高中教育发展论坛"，主题是"智能时代：中小学的挑战与选择"。朱华伟校长率深中 20 余位中层干部及教师代表参加，并发表主旨演讲。

2019 年，华为发布了一则关于全球产业展望（Global Industry Vision 2025，GIV 2025）的视频，展望中提出智能世界正加速而来，触手可及，并预测到 2025 年，智能技术将渗透到每个人、每个家庭、每个组织。正如视频中所展示的，科技已然成为推动社会变革和经济增长的强大引擎。

华为全球产业展望视频

随着大数据、互联网和人工智能等科技成果全面进入人类生活，学校如何让科技与教育有机融合，科技与教育的融合如何助力拔尖创新人才的培养，深圳中学一直在思考和实践。2017 年，深中在 70 周年校庆之际，提出了"建设中国特色世界一流高中"的办学定位，致力于"培养具有中华底蕴与国际视野的拔尖创新人才"。"拔尖创新人才"的培养成为深中践行科技推进真实教育的落脚点，其关键是平台、师资和课程。

一、搭建高端、多元的学习平台

深圳作为创新之都，改革开放之后，诞生了许多世界级的科技创新企业，有着丰富的科技资源。深中借助有利的地缘条件和校友优势，融合社会优质教育资源，携手科技，为学生搭建智能化学习平台。如与腾讯、华为、大疆、科大讯飞等著名企业共建11个创新体验中心；加强与高校合作，与中国科学技术大学、上海交通大学、香港中文大学（深圳）等著名高校共建6个创新实验室。

2019年6月，深中与腾讯公司青少年科技学院达成战略合作。该合作围绕"科技+教育"的主题，共同开展青少年科技人才培养、构建特色科技课程体系，推动全球高水平青少年科技赛事的参与和落地，对青少年科技职业生涯教育进行共同研究。已经开展的项目包括：成立深中-腾讯NOI联合实验室，组队参加VEX机器人竞赛，邀请腾讯技术精英为学生开展信息学讲座等系列活动。让我们通过一个简短的视频来了解一下这些项目的开展情况。

腾讯青少年科技学院系列活动视频

8月3日，腾讯滨海大厦总部举办2019腾讯WPC设计竞赛，1 000多名腾讯技术人员参加了比赛。为了提升深中学生对信息学的兴趣，展示联合培养的效果，深中ACM程序设计战队的18名学生作为特邀选手参加了比赛。经过与1 000多名专业选手的同台竞技，深中学生表现出色，有两位跻身前十，分列第四和第十名。颁奖环节，腾讯员工在得知被高中生碾压后，都表示后生可畏，赞赏不绝。

丰富多元的平台拓展了学生的学习空间，助力师生的学术素养和专业精神的提升。

二、建设专业、一流的教师队伍

科技的迅速发展，对教师的创新能力、创新意识与创新精神提出了更高的要求。组建一支创新型、学术型教师队伍是培养拔尖创新人才的关键，也是学校应对科技发展与适应未来教育的重要举措。

创新型、学术型教师善于运用新的学科知识、采用新的教学方法来建立新的教学机制，倡导研究性教与学，不是把知识作为既定的东西教给学生，而是使教学成为一种探索、创造的过程，从而启发学生的创造性思维，引领学生创造性地运用新知识、新方法，拓宽视野，提高创新意识，培养创新能力。

为建设适应科技发展需求的创新型、学术型的教师队伍，深圳中学广纳良才。近几年，我校不遗余力地引进名校和高学历毕业生，以2019年为例，新引进博士、博士后8人，北大、清华毕业生22人，哈佛大学、伦敦大学学院等世界顶尖大学毕业生5人。当然，社会上不乏一些质疑的声音，但在我看来，这些高学历人才经过严格的学术训练，有扎实的学科背景和学术研究能力，具备较强的创新精神和创新意识，他们的加入，有利于优化教师队伍的整体结构，从而有效提升教师队伍的创新水平。2019年引入的清华大学硕士何柳婷老师一入职，即运用所学开设了一门产品创意设计课程，该课程以"设计一款盲人使用的加热饮用水的产品"为主题，介绍并带领学生体验产品设计的全过程，包括现有产品分析、用户研究、新产品功能定义、造型设计、三维建模等。除此之外，通过产品试用、工作坊、报纸面具等方式帮助学生理解设计思维;以红点、IF、G-Mark、IDEO 等国际设计大赛获奖案例为样本,介绍产品创新经常采用的思维方法(产品功能叠加法、产品特征替换法、产品使用故事化、特殊人群场景法),引导学生根据主题进行创新实践。

三、开发立体、多维的科技课程

有了丰富的科技资源平台,配备了高素质的教师团队,科技推进真实的教育如何发生,就需要以多样化的课程群为载体。在课程开发过程中,教师可以将自己的专业性、前沿性的学科知识与科技资源有机融合,建构跨学科、复合型的知识体系。通过近几年的实践,我们逐渐搭建了主体多元、形式丰富、内容前沿的立体化、多维度的科技课程。

首先,在国家课程以外,我们开发了丰富的校本课程。学校以项目式学习(Project-Based Learning)为主要模式,以工程和技术为核心,结合信息、技术、数学、物理、生物、化学、政治等学科,研发系列校本化 STEAM 课程。本学期开设了与科技相关的选修课 18 门,如 VEX 机器人竞赛、人工智能基础、Java 语言基础、产品三维设计与制造、电脑创艺、视频制作、影视后期特效等。

其次,学校利用与优质社会资源搭建的平台,联合进行课程的开发与实施。例如在与上海交大合作的光伏太阳能发电创新实验室开展的"太阳能烹饪"项目中,学生主动调研,提出问题并制订学习计划。通过阶段性过程评价反馈项目中存在的问题并加以修正,最终学生以多样化的形式(太阳能烹饪作品、海报、文章、话剧等)来展示学习成果。

上海交大光伏太阳能发电创新实验室

最后，科技发展推动教育革新的重要表现，还在于充分发挥学生的主体作用，利用学生对科技的浓厚兴趣，促进学生在"真情境"中探究"真科技"。这一教育目的的实现，则需要利用一切资源，支持学生开展丰富、优质的学生社团活动课程。深圳中学目前有科技类社团十多个，以深圳中学算法研究社为例，该社由信息学爱好者发起组建，致力于为深中师生传播、普及信息学与信息技术知识，充分利用学校链接的各种社会资源，为校内学生开展信息学科普讲座，开设编程学习工具使用、零基础编程等课程，目前社团成员有 100 多人。今年 9 月，社团邀请了国家超级计算深圳中心主任冯圣中研究员走进深中，为同学们带来了"迎接中国超算黄金时代"的讲座。活动结束后，同学们积极与冯教授互动交流，提问从量子计算机到超算架构细节，可谓天马行空。

丰富多彩的科技类课程与活动为学生开展自主、协作、探究式学习提供了保障，促使学生从知识的被动接受者向知识的主动发现者、建构者和传播者过渡。学生获取知识的途径和方法也从单一转向多元。这既能提高学生的科技意识，也为学生的个性发展和能力提升开辟了广阔空间。

科技赋能推动教育革新，落脚点是人的发展与创新人才的培养，深中在"科技+教育"的实践中取得了一系列丰硕成果。深中学子在国际顶尖学术赛事中的亮眼表现，得到了众多世界著名大学的青睐。近三年，美国常春藤大学以及美国TOP30大学在我国各高中的招生人数，深中一直位于前列。

美国教育专家威金斯说："学校教育的目标是使学生在真实的世界里能得心应手地生活。"也就是说，教育要使学生学会"解决真实情境中的问题"。当下，落实"真实的教育"要求我们在科技与教育双向深度融合与发展中，建构新型教育生态，不断推进学习方式、学习环境和教学组织形式的变革，唯此，才能面向未来，促进个体的发展。

2019 年 10 月 29 日

2-4

科技改变教育

——在 2017 年中美 K12 国际学校应用信息技术支持教学研讨会开幕式上的致辞

> 2017 年 5 月 3 日，美国驻广州总领事馆、万科梅沙书院和 Blackboard 中国公司联合主办"2017 年中美 K12 国际学校应用信息技术支持教学研讨会"，主要探讨信息技术的创新应用及其与学校教学的深度融合。会议在深圳万科国际会议中心举行，来自 103 所国际学校的 170 余位校长、教师、教育专家、企业代表等参加，朱华伟校长出席该研讨会并致辞。

尊敬的各位嘉宾：

大家好！

人类经历了三次改变人类命运和生活方式的工业革命。第一次工业革命以蒸汽机为标志，以煤炭为能源；第二次工业革命以电气为标志，石油为新能源；第三次工业革命以自动化、信息化为标志，数据成为新能源。

科技使世界的改变以几何级数进行增长，人类对深海、深空、深地、人脑的探索都仅仅在起步阶段，每一个小小的科技进步都可能引发一场影响深远的革命，甚至影响人类的命运。

在制造业领域，特斯拉工厂主要是机器人在工作；在服务业，银行自动柜员机取代大量营业员；在食品业，旧金山一家企业生产的机器人一小时可以做360个汉堡，公司创始人说，"我们造机器不是为了提高人的工作效率，而是要完全取代他们"；在零售业，亚马逊2012年买下仓储机器人公司Kiva System，实现仓库机器人化，实现Amazon Go免排队商店的智能化；在教育界，谷歌开始将3 000万种图书数字化，其中500万种已装在了App里随你阅读，谷歌博物馆还将700万幅名画装在了App里任你观赏；在知识界，AlphaGo的深度学习、自我进化将导致预测、决策都在智能化……

有人说，相比之下，科技对教育的改变，尤其是基础教育和体制化学校来说，相对有些缓慢，教育实施方式、测评方式并没有发生太大的改变。我同意这种观点，但是，作为教育者，我们更应该清晰地看到新技术已经改变了人类获取知识的方式：网络学习，可汗学院（Khan Academy），翻转课堂，运用互联网几乎可以得到任何想得到的知识。基于互联网的大数据已经引发了测评方式的改变，实现了定制化的教学方案的调整，使评价更细致、更过程性、更可视化。

一、随时随地学习

可汗学院通过数字白板和录制技术，在互联网播出其在线图书馆收藏的500多个可汗老师的教学视频，向世界各地的人们提供免费的高品质教育，被誉为"打开教育未来的曙光"。

MOOC的快速发展，使来自世界各地的数以万计的学生通过在线平台跟同一个老师学习。根据《经济学家》的报道，MOOC平台Coursera有800万用户，Udacity与AT&T和Georgia Tech合作提供了价廉物美的在线硕士学位课程。哈佛商学院推出了一个在线的被称为"MBA预备班"的项目，将于今年秋天向学生开放，而学费仅为 1 500 美元。

还有很多的在线教育提供者提供更多形式丰富的网络公开课，使学生可以在线学习从计算机编程到艺术史等所有课程。学校再也不是唯一的获取知识的空间，一个简单的互联网链接，就打开了几乎无限量的信息和学习的潜在空间，优质的教育资源也不再是少数群体才能够获得的稀缺资源。

二、自适应学习和个性化学习

Blackboard 公司的学习平台，通过学生在平台上完成的作业、考试获得学生对知识掌握的数据分析，帮助教师了解学生在哪里更需要帮助，为更有针对性的个性化教学提供数据支持。Rice University 创建了自适应学习电子教科书，利用机器算法，使生物和物理教材适应每个学生个体。

同时，教师也将能享受到个性化服务。教师可以创设自己的课程，设置教学目标、评价细则、反馈数据类型，得到大量的更精准的数据分析。数据科学、内容图谱等技术使得这些分析成为现实。

三、技术鼓励学生及老师间的合作

通过网络协作工具或者网络平台，如 Basecamp，可以让学生上传、分享和编辑文档，并且可以通过对比待办事项列表和时间表来跟踪任务进度。谷歌教育应用服务提供了类似功能，Google Classroom 将平台的功能推进一步，使教师可以自由地创建和组织任务，也可以在学生提交作业之前查看并留下评论，使他们与班级更容易地沟通。

同样的，在线协作工具也可以促进教师间的合作，教师受益于大量的在线共享资源。开放式课程图书馆、在线社区和资源库，来源包括教师博客和出版商，教师可以通过网站访问教学计划生成器和其他工具。

那么这些技术给教育带来的变革会如何影响人类的学习呢？如果学校不是获得知识的唯一场所，那么学校存在的意义到底是什么？如何能更好地利用科技为人类的学习服务？

令人遗憾的是，有很多学校、教师还没有为拥抱这一切做好准备，很多时候，我们的教室里还只是传授知识，只注重与考试相关的课程，很少鼓励学生去合作、去创造、去尝试、去实践。未来进一步发展的人工智能，或者机器智能，又将怎样改变人类，又会带来什么样的教育革命？教育革命会在机器与人类之间扮演什么样的角色？这一切，都有待更深入的探索。

人类学习的方式和认知世界的方式已被改变，教育必须要更主动地拥抱科技，才能拥抱未来。非常有幸，由深圳中学负责办学的万科梅沙书院和美国驻广州总领事馆、Blackboard 中国公司，今天共同邀请了海内外的教育专家、关注教育科技发展的有识之士相聚深圳梅沙，共同探讨中美 K12 国际学校应用信息技术支持教学的主题，希望今天的会议，能为教育，能为未来，提出一些问题，交流一些困惑，寻找一些共识。

最后，预祝会议圆满成功，谢谢大家！

2017 年 5 月 3 日

2-5

未来人人都将是创客
——在深圳中学初中部第三届创客节上的致辞

各位来宾、各位老师、亲爱的同学们：

大家下午好！

刚过完端午节，今天我们又迎来了深圳中学初中部的第三届创客节！过端午节我们最不能忘记的一位民族先贤就是屈原！"路漫漫其修远兮，吾将上下而求索。"屈原的一生，是自觉追求真理的一生。"亦余心之所善兮，虽九死其犹未悔。"屈原的一生，是为了梦想敢于探索的一生。

深中初中部第三届创客节开幕

当我走进会场，看到各班搭建了鳞次栉比的展棚时，看到各班的宣讲板上富有创意的宣讲时，看到各班展示的一件件作品时，看到"创意""创新""创客"条幅随着无人机冉冉升起时，我知道"创客"的思想已注入深中学子的心灵！深中初中部的"创客"们，一如雨后春笋般迅速地成长起来了！

6178FRC 机器人团队展示作品

"创客"是什么？克里斯·安德森在《创客：新工业革命》一书中将"创客"解释为"不以营利为目标，利用3D打印技术以及各种开源硬件，努力把各种创意转变为现实的人"。今天，人们把那些努力把创意变成现实、用创新美化生活的人，都称为"创客"。安德森认为，未来人人都将是创客，这是一场即将到来的革命！学校举办创客节，实施创客教育，就是希望在"这场革命"真正到来之前，把你们培养成"这场革命"的战将，引领时代的发展！

创新和创造，不再只是科学家、发明家在装备昂贵的实验室里的"专利"，普通人，甚至没有任何编程基础的中小学生，凭借这些低价的创新工具，利用3D打印技术和开源硬件等，也能将自己的创意变成现实。在安德森看来，开源创新、个人自生产是

"创客运动"最重要的标志。

　　深圳是一座创新城市,需要学校培养创新的人才,因此学校开展创客教育是时代的要求!像腾讯的马化腾、光启的刘若鹏,他们就是深圳中学创客的先驱!"互联网+教育"的时代已悄然来到,学生学习方式的改变促进了老师教法的改变。利用互联网进行学习,用各种数字化工具探究跨学科的知识将成为常态。学校举办创客节,实施创客教育意味着学校将构建一种新的教育生态。"创意""设计""制作""分享""评价"构成了创客教育的基础环节,教育教学更注重培育学生提出问题、研究问题、解决问题、动手制作的综合能力,更注重让学生了解科学研究、技术制作、艺术创作的全过程,更注重培养学生的主动探索精神、批判性思维能力、自主创新能力、合作研究能力、语言表达能力、艺术创作能力等,让广大师生更加主动、更有创意地投入校园生活,形成一种健康向上、勇于创新、勇于担当的校园生态文化。

　　同学们,创客教育将引起未来社会深刻的变化,未来人人都将是创客!

　　最后,祝贺本届创客节圆满成功!谢谢大家!

2017 年 5 月 31 日

2-6

强国创新路，筑梦青春时
——《深圳中学科创赛事指导手册》校长寄语

亲爱的同学们：

　　随着科学技术的飞速发展，人类的生活方式和工作方式发生了翻天覆地的变化。如今，我们站在新一轮科技革命和产业变革的潮头——从人工智能的突破到基因编辑的精准，从量子计算的发展到太空探索的新疆域，每一项重要科技成果不仅彰显了人类的智慧与力量，更为我们未来的发展指明了方向。

　　党的二十大报告指出，教育、科技、人才是全面建设社会主义现代化国家的基础性、战略性支撑。当代世界百年未有之大变

局加剧了科技和人才的竞争,实现中华民族伟大复兴,科技自立自强和人才自主培养成为当务之急,而全方位提升科学教育水平是科技创新人才培养的主阵地和全民科学素养提升的关键途径。

深圳中学立足"多元融合"核心理念,探索丰富多样的科学教育课程、系统创新的科学教学方法、综合全面的科学教学评价和协同多元的资源整合机制,为拔尖创新人才成长赋能。在这样一个鼓励创新、支持探索的学习氛围中,越来越多的深中学子对科技创新产生了浓厚的兴趣,积极投身于各类科技创新赛事,收获满满,成绩卓著——2017年、2019年、2020年、2021年、2022年、2023年,深中代表队获国际基因工程机器大赛(iGEM)高中组金奖;2019年、2023年,深中代表队获VEX亚洲机器人锦标赛金奖;2020年,黄飞扬获丘成桐中学科学奖全球总冠军;2020年、2023年、2024年,深中代表队获中国国际"互联网+"大学生创新创业大赛全国总决赛萌芽赛道创新潜力奖(金奖);

2023年深中代表队参加VEX亚洲机器人锦标赛

2023 年，田一丁入选国际科学与工程大奖赛中国国家队，深中代表队获国际青年物理学家竞赛（IYPT）银牌、美国青年物理学家邀请赛（USIYPT）总分第三……

在参与各类科技创新赛事的过程中，同学们不仅学会了如何发现问题和解决问题，如何承担责任和高效合作，如何面对挑战和失败，更有机会与来自全国、全世界各地的优秀学子一起切磋交流、互促进步，这些经历都将成为同学们人生道路上的宝贵财富。为了让同学们更便捷地了解各类赛事背景、要求及流程，更好地鼓励、帮助同学们探索与成长，深圳中学科创教育中心精心编纂了这本《深圳中学科创赛事指导手册》，内容涵盖对"科创"的解读、高中生科技创新赛事参赛指南、校内指导教师信息等。希望这本手册可以搭建起师生沟通的桥梁，让同学们方便联系到对应赛事的指导教师，让指导教师为同学们提供更精准的指导与帮助。

亲爱的同学们，科技创新不仅是知识的积累，更是对思维方式和创新能力的培养；科技创新是一条充满挑战的道路，但正是这些挑战塑造了你们的品格和能力。创新驱动实质是人才驱动，人才是创新的第一资源。希望每一位同学都能在科技创新的征途上勇往直前、突破自我，以出色的表现展现深中学子的魅力和风采，为自己的青春留下浓墨重彩的一笔，更为科技强国建设、民族复兴伟业和人类文明进步贡献力量。

祝你们成功！

2024 年 6 月 16 日

2-7

讲好"实践育人"这一课
——深圳中学综合实践课程机制和教学体系

广东省深圳中学自 2001 年教育部颁布《基础教育课程改革纲要（试行）》后，积极尝试课程改革，成为国内首批开设综合实践活动课程的学校之一。经过十多年的课程探索和发展，目前已培养了一支专业的教师队伍，形成了一套以"研究性学习""社会实践""社区服务"课程为实施基础，以"小课题探究"和"创新挑战赛事"为提升平台，集系统性、主体性、实践性、整合性和教育性为一体的深圳中学综合实践课程机制和教学体系。

一、系统性：重视课程整体建设

系统的课程建设是综合实践活动课程顺利实施的前提。深圳中学的办学定位为"建设中国特色世界一流高中"，致力于培养具有中华底蕴和国际视野的拔尖创新人才。学校根据学生培养目标对所有课程进行本校化处理，除基础学术课程，还特别设立由认知技能、自我成长、文化审美、体育健康、实践服务、研究创造六个课程群构成的深中文凭课程。

在搭建课程框架的过程中，学校通过把综合实践活动纳入整个学校课程体系的方式，确立了综合实践活动课程的地位和机制；在课程实施的过程中，学校全面落实《中小学综合实践活动课程指导纲要》提出的"价值体认、责任担当、问题解决、创意物化"四项具体目标，积极构建综合实践活动课程体系，对不同学段的学习内容和所修学分等进行了详细规划（如表1所示），并不断加强管理和指导，为综合实践活动课程的落实提供切实保障。

表1 深圳中学综合实践活动课程内容规划

课程	高一（上）	高一（下）	高二（上）	高二（下）
研究性学习（15学分）	课题研究方法的学习	以小组合作方式进行课题研究（5学分）	以小组合作方式进行课题研究（5学分）	以小组确定大课题、个人承担子课题的方式进行研究（5学分）
社会实践（6学分）	军训和入学教育一周（2学分）	"踏上井冈山热土""长沙乡村主题实践"一周（2学分）	"走近大学""职业体验"及其他等一周（2学分）	
社区服务（2学分）	高一、高二期间完成不少于10个工作日或50个小时的社区服务（2学分）			

二、主体性：尊重学生自主选择

古罗马时期的希腊教育家普鲁塔克说过，"儿童的心灵不是一个需要填满的容器，而是一颗需要点燃的火种"。然而，在传统的学习模式中，教师是权威的传授者，学生是被动的接受者，学生的主动性被忽视，难以调动其主观能动性，难以产生有创造力的学习，学生身上的"火种"自然难以"点燃"。而当我们赋予学生充分的尊重和信任后，让学生处于学习的主体地位时，他们身上的主动性和创造力就会得到最大程度的激发。因此，我们在综合实践活动课程中倡导"以学生为中心"的理念，充分尊重学生的主体地位，我们相信有创造力的学习萌发于自主化的学习氛围。

"走近大学"是深圳中学在国内首创的社会实践项目。这个活动的目的是让学生通过实地走访自己心仪的目标高校，构建真实的个人生涯规划，从而更加有效地完成自我激励的学习过程。有别于其他学校的是，深圳中学的"走近大学"活动完全是由学生自主策划、自主实施。学生们首先要做的是根据个人的意愿进行组队，接下来组员间要一起协商他们的旅程方案，邀请带队教师、自行选择承接旅行社并与之协商具体的路线和费用。每年"社会实践周"期间，就会看到深圳中学的学生们或登上飞机、或坐上火车奔赴北京、上海、西安、武汉等地的高校校园去寻找他们的理想学校。经过多年的发展，目前深圳中学"走近大学"的课程方案更加个性化，可以班级或社团活动的形式来开展，也可以由监护人带领学生完成，学生的足迹更是遍布海内外知名高校。

在研究性学习的课堂上，学校将传统的以教师为中心的"目标·达成·测试"的教学结构改变为以学生为中心的"主题·探究·表现"结构（如图1所示）。在选题阶段，教师并不会给学生指定课题，而是由学生根据自己的兴趣爱好，从自然、社会等学科的角度提出自己感兴趣且有价值的研究问题。在教学的过程中，学校始终把培养和提升学生的"自主性、探索性、创新性"作为课程的核心

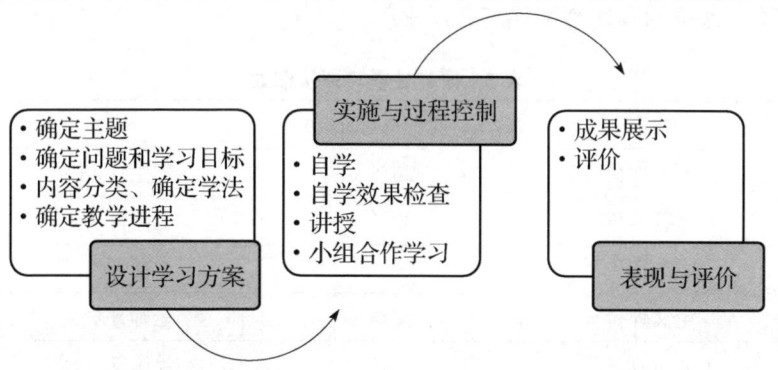

图1 以学生为中心的"主题·探究·表现"结构

目标，注重培养学生发现问题、分析问题、解决问题的能力，以及学术阅读与写作能力、思维能力、创新能力和团队协作能力。

正是由于给予了学生充分的选择空间，学生们的选题总会富有创意而且贴近他们的日常生活。例如，深圳中学作为一所有着70年历史的学校，其悠久历史所带来的丰富文化沉淀正是深中精神之所在。而这份精神有相当一部分是通过历届学长学姐与学弟学妹的交流互动来传承并创新的。学校有众多的学生社团、学生组织，在活动中学长学姐无形中对学弟学妹产生了深刻的影响，为此，学生们就开展了一项学长制对低年级学生产生的影响及机制研究。需要特别强调的是，在研究过程中，设计、执行、反馈的主体都是学生，当他们的主动性凸显后，教师的角色也发生了变化，由过去高高在上的传授者变成了学习过程中的指导者、协助者和陪伴者，教师所做的工作也只是必要的方法论指导和专业知识指导。

此外，为了尊重学生的主体性，学校对研究性学习的评价采用自评和他评相结合的方式，并且关注学生在活动过程中的整体表现。自评环节充分调动学生的参与性以及引导他们对课程的再思考，他评环节通过教师评价更多地去引领规范及课程进度的推动。评价的具体细则如表2所示。

表2 研究性学习评价细则

内容	所占百分比	评价者
开题评价	20%	学生评价
过程评价	30%	老师评价
成果评价	20%	学生评价
论文评价	20%	老师评价
个人贡献评价	10%	小组内部互评

三、实践性：补齐实践育人短板

长期以来，我国中小学的学习地点囿于教室，学生主要通过教师的教授获取知识，知识的获取途径是从"头脑"到"头脑"的模式，这是一种纯理性的认知模式。党的教育方针明确要求，坚持教育与生产劳动、社会实践相结合；党的十九大提出全面推进素质教育。那么，究竟该如何讲好"实践育人"这一课？如何破解我国中小学教育"文化基础扎实，而创新实践能力偏弱"的难题？我们倡导"以生活为课堂"的理念，在具体的生活情境中，学生有了明确的、鲜活的体验和感知，学生从中所提炼的知识就会变得丰盈而有温度。

有温度的知识根植于情境式的学习模式。"井冈山——乡村文化主题实践活动"和"长沙——历史文化主题实践活动"是学校两个具有代表性的游学项目。在实践活动中，我们要求学生在考察当地风土人情的基础上，自选主题完成相应的探究活动。

学校从 2007 年开始策划实施"井冈山——乡村文化主题实践活动"。该活动分为两部分：体验农村生活和了解革命历史。学生通过体验农村生活，学会尊重自然并表达对他人的关爱。学生在活动中入住农家，体验 48 小时的农家生活，与当地居民同吃、同住、同劳动，做农家饭、干农活。学生在当地开展农村调查，了解老区农民的经济状况、医疗卫生和教育情况，还有的同学从植物性状、地图测绘的角度开展研究。在开设这门课程之前，对于大多数在城市长大的孩子而言，乡村只是一个遥远而陌生的词汇。当这批对农村生活毫无认识的孩子身处井冈山的广袤土地中，在与当地农民同吃同住同劳动时，他们开始了解真实的乡村生活，从而促使他们思考乡村生活的实质含义。在学生提交的研学调研报告中，有学生因为看到了农村墙壁上大量的标语而去琢磨"标语所体现的时代特征"，有学生因为看到当地多子女家庭而去进一步关注"二孩政策"在当地的推进情况，也有学生开始好奇"农村基层民主建设""基层医疗现状"等社会问题。其中影响力最大的一个主题活动是在学生提议下，深圳中学为井冈山留守儿童献爱心的"手拉手"关爱活动。

学生体验农村生活

"长沙——历史文化主题实践活动"是深圳中学另一个运行成熟的游学项目。在这个活动中，设置了韶山毛泽东铜像广场参观的环节。曾有同学在参观广场过程中表示非常震惊，因为他看到了从各地涌来的人群，其中不乏白发苍苍的老人，他们挪动着蹒跚的步伐对毛主席行跪拜之礼。"从来没有想过还有这么多人来这里纪念毛主席""年纪这么大了还跪拜一定是有什么特殊的情感"。在强烈的认知冲突的驱使下，他和同学们就在现场开展了一项跨年龄层的社会调研。正是在一位位真实述说者的描述中，他萌生了进一步了解毛泽东和他领导的革命史的想法。"这些念头平时在学校是肯定不会有的，我们离那个年代太久远了，而且教育我们的那些套路太生硬，没有好感。"

参观韶山毛泽东铜像广场

四、整合性：融合多元学科知识

综合实践学科的学习内容广泛而丰富。无论是在研究性学习中的课题研究里还是在社会实践活动开展中，学习过程中所涉及的内容通常是跨学科、跨领域的，这与传统的学科截然不同，因而对于学生、教师的整体性思维和整合性意识都提出了很高的要求。

为了优化学习过程，深化学习内容，深圳中学一直在以"综合实践"课程为平台，推动校内各学科组共同参与。比如，在井冈山的活动中，政治老师介绍"基层民主和选举制度"、历史老师讲解"中国革命史"、生物老师引导学生探究"井冈山生物种类与习性"、地理老师和学生一起"夜观星象"。在推进校内学科合作的同时,我们也在积极引入社会资源,建立校外导师制度,尝试同多个机构和单位开展合作办学模式。"城市观察与研究"和"社会认知"就是其中开发较成熟的两门课程。在刚过去的2017年的最后两天,我们就把"城市观察与研究"的课堂"搬"到了"深港城市\建筑双城双年展",邀请展会布展人在位于深圳南头古城的展区给我们的学生上课。

五、教育性:回归立德树人本质

综合实践活动课程与各学段的学科课程一起,共同承担着"立德树人"的根本任务,这是课程教育性的本质体现,也是综合实践活动课程的出发点和最终落脚点。学生在综合实践活动课程中学到的不仅是知识,培养的也不限于认知能力,更重要的是,这是一门塑造人格的课程,培养了学生的非认知能力,这也是更为高级的能力。

在进行研究性学习的过程中,纷繁复杂的社会环境为学生的课题选择提供了很多启发,学生通过敏锐的观察力捕捉社会热点,发现社会问题;学生在"做"的过程中不断开阔视野、锻炼品性,增强了社会责任感和主人翁意识,并尝试针对各种社会问题献言献策。正如毛泽东曾在课堂笔记《讲堂录》中所说,"闭门求学,其学无用,欲从天下国家万事万物而学之,则汗漫九垓,遍游四宇尚已"。2017年,学校有27个学生小课题获得深圳市教科院立项,其中有的项目是关注校园生活的,如"教室与教师办公室距离如何影响学生去办公室的积极性""手机对学习效率的影响";有的项目关注时事热点、社会民生,如"公众对地铁设置女士优先车厢的态度的研究""网络直播平台对高中生的吸引点""深港跨境学童的身份认同研究"；也有学科领域的探讨，如"拐角楼梯中的最优化问题""家庭自制发酵乳饮品的困境及其解决方法的探究"；等等。在对"女士优先车厢"的研究中，学生们通过调查研究后发现，专设"女士优先车厢"的出发点的确是体现了保护和尊重女性的理念，但同时也会造成公众对"性别平等"的呼吁以及针对公共资源浪费的质疑。此外，在社区服务课程中，我们鼓励学生走入社区、走进社会，在高一、高二期间完成不少于 10 个工作日或 50 个小时的志愿服务。学生在帮助他人、服务社会的过程中，不仅传递了爱心，而且收获了文明，用自己的点滴奉献见证了自己的成长和社会的和谐与进步。

综合实践活动课程的意义在何处？它终要回归立德树人的本质。"纸上得来终觉浅，绝知此事要躬行。"教育家陶行知用他的名字阐明了教育的旨趣所在——行知，即在行动中探索，在实践中获得真知。脱离了真实生活和具体情境的知识显得冰冷且没有生机，而我们的综合实践活动课程是一种真正意义上的"有温度的课程"，是一种真正能够融入学生生命的教育方式；它突破了传统的固定学习场景和学习方式的限制，让知识从"头脑"到"头脑"的模式演变为从"实践"到"头脑"；通过学生的"做中学"，引导学生在体验中把教育要求内化为品质、外化为行为，从而真正实现知行合一的教育目标。

——本文刊发于《人民教育》2018 年第 3—4 期

2-8

生涯指导：走好兴趣与职业平衡木

近年来，在新高考指挥棒效应下，学生发展指导与职业生涯教育成为高中教育新热点。当多数高中学校对于如何开展生涯教育迷茫时，我所在的深圳中学已在此"海域"航行良久。

学校在 2004 年率先实行选课走班制，要求学生在丰富的课程与校园文化活动中，选择适合自身的内容，实现个人发展。这就要求学生需要具有主动选择的意识与准备，以及生涯规划的意识与能力。为了在学生自主发展的过程中实现专业化引导，学校成立了学生辅导中心，共设有 8 个生涯辅导教师专职岗位。

经过十余年的探索与实践，学校逐步完善了创新性、引领性、专业性、规范性兼具的生涯规划教育模式，并在"教育需要策划，成长需要规划"理念指导下，构建了校本特色突出的立体化生涯规划课程，主要包括生涯必修课程、生涯选修课程、生涯体验课程、生涯实践课程、生涯成长小组课程。在此过程中，学校研发设计并完善体系完整的生涯规划校本教材。在新高考背景下，学校将生涯规划教育置顶。

学校围绕生涯教育这根主线，不断跟踪、追访学生成长历程，根据他们进入社会、进入职场后对高中阶段接受的生涯教育反馈，不断修正学校生涯教育模式。在试错与摸索中，学校对生涯教育形成了自身独特的思考。

学生参与生涯体验课程

顶层设计，动员多元教育角色

当前，不少学校的生涯教育主要由心理教师来推动，采用开设一门课程的单一模式，着力点局限于学生兴趣爱好探索、如何选课选科、如何选择大学专业等方面，过于依赖测评工具，将生涯规划窄化为职业生涯规划。

高中阶段的学生处于生涯探索期，生涯规划的重要价值在于给学生提供有效解决问题的方法、多元发展平台，让学生有能力在不同发展阶段都有整合自己的机会，成为自己最想成为的人。因此，高中阶段生涯规划教育的重点，在于引导学生探索一个能提升自我肯定水平和达成自我实现的生涯目标，引领学生生涯发展方向，促使学生学会规划具体的行动方案，以帮助学生逐步达成理想生涯目标。

要实现这一目标，就需要学校对生涯教育进行顶层设计，让身处这个教育系统中的每一个教育者基于自身的岗位职责，从生涯规划的角度为学生的发展提供支持。

以我校为例，学校在2014年启动推进学生综合素养评价的过程中，将生涯教育置于学校教育设计的顶层，用以引领和整合各项学生活动。学校搭建的综合素养评价系统，结合质性评价与量化评价，学生档案不仅有学业报告，还有学生成长记录。学生的人生规划、成长经历、师友印象及代表作品都是对其进行评价和描述的有效参照，学业报告与成长记录是学生成长最有说服力的"报告单"。

系统的生涯规划，应包括觉知与承诺、自我认识、社会资讯、目标与计划、选择与行动以及行动与修正六部分，学校立足于此系统，为班主任、导师、学生辅导中心、学生社团、信息技术科组、校友会、图书馆等角色安排相应的岗位任务，以此提升学生的执行力。

家校合力，重视家庭教育影响

父母角色榜样，是年轻一代职业选择的重要途径。在孩子幼年时，父母给孩子提供玩具、培养孩子的兴趣爱好、鼓励孩子参与活动以及家庭生活经历等，都是父母影响孩子将来兴趣与职业活动的方式。

然而，父母有时会通过强制、命令或是限制的方式影响孩子的职业选择。之所以如此，或是因为父母对自身职业满意度高，或是想让孩子从事自己当年的理想职业，过上幸福的生活。但青少年敏锐地意识到父母的意图后，他们的重点往往放在如何摆脱父母控制，而非客观辨析信息。因此，在生涯教育时，学校需要承担重要的协调者角色，让父母以职场专业人士的角色，通过一起合作的方式，面向学生群体进行分享，更容易做到客观、专业及全面,青少年也容易放下对父母的防御心态,更能接受分享者的信息及经验。

  2016年,学校充分利用家长资源,通过自愿报名的方式,开展了"百名家长职业故事进校园"的分享活动,每年都会有百余位家长进入学校分享他们的职业故事。分享活动结束后,学校在这些家长中遴选出数位客座教师,参与学校选修课程的教学工作。家长走进课堂,讲解职场信息、职场经验,重点分享自己在职业生涯每一次选择时的思考,以及战胜困难和挑战的经验。这样的活动及课程,既启蒙了学生的生涯规划意识,也让家长进一步了解学生整体情况,促进家长与学生之间的相互理解,打造健康的亲子关系,从而让家长成为学生生涯规划的助力者。

深中家长百职讲堂

深度合作,整合校内外优质资源

  在高中阶段生涯教育中,职业生涯规划是一个重点,学校应提升学生对于大学、专业和职业的认知。

目前，无论是高校还是高中，都已经意识到让高中生提前了解大学、专业信息的重要性，因此会利用多元的渠道促进相关信息的输入，如走进大学的游学项目、参访企业等。但如何帮助学生建立与自己真实学业生活的链接，并把自己的兴趣爱好转化为内在学习动力，是职业生涯教育需要重点思考的问题。

学校生涯教育多年来高度重视校外资源的引入，包括家长、校友、校外导师、大学、企业机构等不同的实施主体，以请进来、走出去的方式为学生提供丰富多元的活动，让学生有接触不同的任务和职业榜样的机会。通过不同角色职场人士的分享、示范以及岗位体验活动，帮助学生进一步清晰自我认识，丰富社会认知，探索、形成、发展、确定自己的兴趣。同时，这些资源在引入后，学校都会进行系统的设计和实施，以深度合作的方式，力求在培养学生生涯规划意识及能力上发挥真正的实效。

以与大学和企业深度合作为例，深中与腾讯、华为、大疆、科大讯飞等知名企业共建11所创新体验中心；与中国科学技术大学、香港中文大学（深圳）、深圳大学、加拿大阿尔伯塔大学等高校共建4个创新实验室，共同开发了以"项目式学习（Project-Based Learning，PBL）"为主要模式，以工程和技术为核心，结合信息技术、数学、物理、生物、化学、政治等学科的校本系列STEAM课程——3D设计与打印、建筑创客、走进核电站、Arduino应用设计、多轴飞行器应用、智能机器人等。实验室建设与课程建设深度融合，不仅促使学生主动进行创造性探究，同时也深度链接学科学习与专业、职业的关系，这对帮助学生逐步形成更稳定的职业兴趣和更坚定的职业理想，具有相当深远的意义。

加拿大阿尔伯塔大学刘江枫教授数学创新实验室

学校 2010 届毕业生叶千源，如今已在世界知名投资公司任投资经理，他曾在接受媒体采访时说："通过深中生涯规划课程的学习，我开始清晰对自己的认识，我会去思考一些问题——我是一个什么样的人？我想过一种什么样的生活？我喜欢从事什么职业？我该如何规划我的教育生涯？我该如何发展我的兴趣？"这些问题，正是学校一直以来生涯教育的主题，也是受到过生涯教育的学生所需回答的问题。

如何认识生涯教育？如何平衡学生的兴趣爱好与职业发展的关系？如何让生涯教育为学生的终身发展导航？这应是每一名教育管理者在实践与探索中所需回答的问题。

——本文刊发于《中国教育报》2018 年 12 月 12 日第 5 版

2-9

从时间管理入手推动"五项管理"落地

2021年5月,国务院教育督导委员会办公室印发了《关于组织责任督学进行"五项管理"督导的通知》,通知指出,加强中小学生作业、睡眠、手机、读物、体质管理(简称"五项管理"),关系学生健康成长、全面发展,是深入推进立德树人的重大举措。

加强"五项管理"切口虽小,意义却深远。

首先,必须深刻认识到推进"五项管理"的整体性、系统性。作业、睡眠、手机、读物、体质看似独立,实际其内在有着紧密的相关性。它们互为因果,假设手机、睡眠管理不到位,作业、体质管理则无从谈起;如果作业、手机管理不到位,睡眠、体质也无法保证……

系统问题需要整体谋划、协调推进。具体到中小学校,推进"五项管理"落实落地,学校必须形成各部门统一部署、相互协作、互相联动的有效机制。例如,协同学生处、教学处、学生辅导中心、各科组等,通过开设时间管理课程、制定学生手机管理制度、设计开展自我管理主题班会、定期调研及调整学生的作业量、优化宿舍管理等措施,合力保障学生能够学得好、睡得够、身体好。只有整体谋划、协同推进,才能将"五项管理"的育人价值最大限度地发挥出来。

其次,落实落地"五项管理"的突破口在时间管理。"五项管理"对中小学生的作业、睡眠、体质都有着严格的管理要求,其共同的制约因素在于时间。优化学生在校作息安排，促进在校时间结构性调整，提高时间利用效率，就能有效减轻学生负担，保证学生充足睡眠、体育锻炼、阅读。

对学生在校时间进行整体结构性调整，不同的学校可根据学校的实际情况有不同的尝试。有的学校可能会增加午睡时间保证睡眠，有的学校可能会在零碎的时间上做整合，也有的学校会深入推进教育教学改革，通过作业改革、课堂教学质量提升来保证其他管理在时间上的落实。总的方向都是紧紧围绕如何促进学生健康成长、全面发展做文章。

同时，优化和协调时间管理，让"五项管理"真正落地要把握一个原则，那就是"张弛有度，主动留白"——这也是我任深圳中学校长以来在学校管理方面一以贯之的理念。

时间管理中的"留白"不是什么都不做，而是让学生自己选择做什么，这就要求我们为学生提供丰富的可选空间。深圳中学的校本选修课有360余门、学生社团有100多个；每周四下午是学生的选修课时间，每周一至周三下午第9节课是学生社团活动时间——这些未被学校固定安排、供学生自主选择的"留白"时间，达到了"以无胜有"的效果。学生在这些可自由支配的时间里，学会如何平衡社团与学业，如何更好地将保障睡眠与锻炼、阅读、考试相结合。

最后，推进"五项管理"落地的突破口虽然是时间管理，但时间管理的根本还是自我管理。学生在广阔的自我发展空间里管理的不是时间，而是自己。无论何种管理，协调、整合只是手段，而不断地培养学生的自主学习能力、时间管理能力，促进学生自我教育、自我管理和自我完善，才是解决一系列教育难题的根本。

社团招新大会

上学期，深圳中学的学生课题小组、环保协会与实践科组共同开发了一门"自我管理"校本课程，其中就包含"手机管理"模块，学生研究了每周手机使用总时长折线图，并在研究的基础上给出了手机管理的策略。学生通过主动参与来破解社会关切的教育难题，不仅有利于"五项管理"的落地，而且促进了学生自我教育、自主管理能力的形成。

——本文刊发于《人民教育》2021年第10期

2-10 深化体教融合　培养"运动达人"

2020年4月27日中央全面深化改革委员会第十三次会议审议通过的《关于深化体教融合促进青少年健康发展的意见》明确提出,"深化体教融合促进青少年健康发展,要树立健康第一的教育理念,推动青少年文化学习和体育锻炼协调发展,加强学校体育工作,完善青少年体育赛事体系"。建设体育强国是全面建设社会主义现代化国家的重要目标之一,体教融合是新时代我国体育强国建设的重要内容,是补齐青少年体育短板的重要举措。

体育的重要作用在于"帮助学生在体育锻炼中享受乐趣、增强体质、健全人格、锤炼意志"。体育和教育有机融合,不仅是宏观上的相互结合,而是在学校育人中彰显体育的德育作用,通过体育促进学生的身心健康,磨炼学生的意志品质,使学生形成健康的体魄和人格。

一、构建多元体育课程体系　夯实体教融合基础

基于学生的运动爱好和专长,深圳中学构建以模块课程为基础,以社团活动为补充,以体育赛事为促动的多元体育课程体系,开设全员选修体育课程,实行小班化教学。

首先,以模块课程为基础。围绕"模块选项小班化"体育课程,贯彻"教会、勤练、常赛"理念,教师根据各自专长开设课程,学生根据各自兴趣自主选择课程,真正实现因材施教、教学相长。目前已开设球类(篮球、排球、足球、乒乓球、羽毛球、

网球）、田径类、体操类（健美操、啦啦操）、水上运动（游泳）、武术与民族民间传统体育运动等 6 大类 10 余个项目课程，倡导每个学生在毕业时都要有一至两项体育爱好，为建立终身体育习惯打下坚实基础。

其次，以社团活动为补充。深圳中学有 20 余个体育类社团，均由学生自主发起和组织活动，例如跆拳道社、滑板社、无线电测向社、羽毛球社、乒乓球社、篮球社、足球社等，深受同学们喜爱。学生可根据兴趣选择加入不同的社团，通过社团活动实践，进一步发展自己的体育兴趣爱好。

最后，以体育赛事为促动。学校每年定期开展形式多样的校级体育竞赛活动，带动全员参与。例如，通过"体育嘉年华"（田径运动会）、"深中杯"篮球赛、"校长杯"足球赛、"校长杯"乒乓球赛、"凤翎杯"羽毛球赛、校园排球赛、游泳比赛等活动，培养学生相互尊重、团队合作、勇敢顽强的体育品格和体育精神。

二、建设一流体育师资队伍　　发展高水平运动队

正如梅贻琦先生所言："学校犹水也，师生犹鱼也，其行动犹游泳也。大鱼前导，小鱼尾随，是从游也。从游既久，其濡染观摩之效，自不求而至，不为而成。"

多位国家健将、国家一级运动员担任学校高水平运动队教练，多位省队退役运动员担任乒乓球、田径、啦啦操等项目任课老师。例如，李涛老师毕业于清华大学，是专业田径十项全能国家一级运动员，曾代表清华大学屡次在首都高校运动会摘金夺银；周彤老师高中毕业于深圳中学，本硕毕业于北京师范大学，是国家运动健将，曾三次获得中国大学生篮球联赛（CUBA）冠军。

在体育科组各个专项教练的带动下，深圳中学的体育特色由

以前单一的足球发展为目前的多点开花，游泳、羽毛球、田径、篮球、围棋等多个项目逐步实现蝶变，竞赛成绩斐然。

深圳中学近六年来引进了一批思想过硬、理论扎实、技能突出、经验丰富的高素质、高水平体育教师，着力构建世界一流的高水平运动队伍。

深中围棋队荣获2022年深圳市高中四校联赛围棋项目团体总分第一。2017年，中国"棋圣"聂卫平莅临深中交流指导，世界冠军罗洗河和围棋职业七段车泽武也在近两年先后到深中指导交流。

三、建立分层体育培养体系 在普及基础上提高

新时代体教融合的价值之一，在于实现学校体育与竞技体育后备人才高质量发展，因此，学校体育发展必须处理好"普及"与"提高"的关系。深中面向全体学生，建立分层的、体教融合的培养体系和选拔机制，让有天赋、高水平的体育人才脱颖而出，有机会得到专业化指导与训练，为培养高水平体育竞技人才贡献力量。

深中体育团队先后与深圳市平安足球俱乐部、深圳市足球协会和深圳足球俱乐部合作办队，形成足球特色项目，为国家青年队和少年队、国内外知名俱乐部（北京国安等）输送多名运动员。深中学子在体教融合培养模式的引导和熏陶下，成为文武双全、德才兼备的实力派学生运动员，并因此获得清华大学、北京大学等著名高校的青睐。

今后，深中将继续坚持"在普及基础上提高，在提高指导下普及"的基本指导思想，尝试探索体育拔尖人才小学、中学、大学贯通式培养新模式，在基础教育阶段建构一条符合人才成长

规律，并与高等教育接轨的完整教育链；着力构建体教深度融合的创新发展模式，培养具有综合能力的体育拔尖人才，有力促进青少年学生健康成长，为实现中华民族伟大复兴的中国梦贡献力量。

——本文刊发于《光明日报》2022 年 12 月 27 日第 14 版

2-11

逐梦金秋，冠军同行
——在奥运冠军进校园活动上的致辞

尊敬的各位嘉宾、各位老师、各位媒体朋友，亲爱的同学们：

大家下午好！

在这个秋风送爽、充满活力的日子里，我们有幸邀请到 2024 巴黎奥运会花样游泳冠军王柳懿、王芊懿来到深圳中学，为大家带来一场别开生面的"冠军课"。首先，我代表深中，向顽强拼搏、锐意进取的中国体育健儿致以热烈的欢迎和诚挚的敬意！

奥运冠军与深中师生合影

在不久前结束的巴黎奥运会上，中国体育代表团勇夺 40 枚金牌、27 枚银牌、24 枚铜牌，金牌数与美国并列第一，创造我国境外参加奥运会历史最好成绩。深圳花游"姐妹花"王柳懿与王芊懿在奥运会的碧波中编织出一幕幕令人心醉的水上芭蕾，以优雅超越了艺术，以坚韧超越了极限，包揽花样游泳集体项目和双人项目两项冠军，实现中国队在以上两个项目的历史性突破；她们不仅生动地诠释了"更快、更高、更强——更团结"的奥林匹克精神，也让世界见证了中国力量的华丽绽放！今天，两位奥运冠军的到来，为深中增添了奥运精神的光辉，激发了师生对体育运动的热爱和对追求卓越的渴望。让我们再次以热烈的掌声向两位了不起的奥运冠军致敬！

奥运冠军回答学生提问

毛主席曾指出，"欲文明其精神，先自野蛮其体魄"。近八年来，深中始终坚守着建设中国特色世界一流高中的崇高使命，在奋进的征程上，我一直强调："深中如果培养不出世界冠军，培养不出世界著名运动员，我们的这个世界一流高中是要打折扣的。"

为此，我多次和体育科组开会研讨：深中的体育教育如何让更多学生受益，让每个学生都有一两项体育爱好；深中的竞技体育怎样才能出成绩，夺得全国冠军、世界冠军。可喜的是，在全体师生的不懈努力下，深中体育教育成绩突飞猛进，节节开花。仅2024年，深中代表队已经荣获中国中学生网球联赛第2站男子双打冠军，中国中学生网球精英赛男子单打、男子双打亚军，中国中学生田径冠军赛甲组男子三级跳远冠军、甲组女子三级跳远亚军、乙组女子三级跳远季军等好成绩，交出了一份亮丽的答卷。

蔡元培先生提出"完全人格，首在体育"。亲爱的同学们，奥运冠军与大家面对面交流，不仅是竞技体育的交流，更是奥运精神的传递。希望深中学子以王柳懿和王芊懿两位奥运冠军为榜样，用中华体育精神和奥林匹克精神点燃青春梦想，塑造顽强的意志、包容的心态和团队合作的品质，努力成长为德智体美劳全面发展的栋梁之材，为国争光，为世界做贡献。

奥运冠军
进校园视频

最后，再次感谢两位奥运冠军的到来，预祝今天的活动圆满成功！

谢谢大家！

2024年9月11日

第三辑

融合资源　赋能发展

　　自强成就卓越，创新塑造未来。深中在初、高中阶段积极探索培养拔尖创新人才的机制和模式，发现、孕育并系统培养人才苗子，建构一个符合人才成长规律，并与高等教育接轨的完整教育链，从而实现"涵养拔尖创新人才的'蓄水池'、强化大学中学衔接培养的'推进器'、奠定大学中学衔接的'攀登梯'"，不断将拔尖创新人才的早期培养推向新的高度。

3-1

自强成就卓越,创新塑造未来
——在"清华大学基础学科拔尖创新人才大学中学衔接培养基地"授牌仪式上的致辞

尊敬的各位老师,亲爱的同学们:

大家下午好!

很荣幸,深圳中学被清华大学遴选确认为第一批"拔尖创新人才培养基地",我代表全体师生向清华大学对深中的高度认可和大力支持表示衷心的感谢!

作为以深圳这座城市名字命名的中学,深圳中学自1947年建校以来,紧紧追随国家和深圳的前进步伐,大胆创新、先行先试,不断探索拔尖创新人才识别与培养的实践路径:早在1993年,深中就组织创办初中超常教育实验班,致力于发现、培养有潜力的资优儿童。2017年,在国家加快建设"双一流"的背景下,在国家急需大批拔尖创新人才不断突破发展瓶颈的形势下,深中主动担当,提出"建设中国特色世界一流高中"的办学定位,致力于"培养具有中华底蕴与国际视野的拔尖创新人才"。

为了实现办学定位,深中对标世界一流,研制《深圳中学中国特色世界一流高中建设方案》等系列文件,依照详细的行动方

案，近年来，围绕拔尖创新人才培养，在师资队伍建设、课程改革、国内高考、学科竞赛、创新教育、国际教育、艺体教育、校园文化、服务社会等方面取得丰硕成果。2017年以来，深中获清华、北大录取总人数全省第一。2018年，杨天骅、薛泽洋获第49届国际物理奥林匹克（IPhO）金牌，聂翊宸获第50届国际化学奥林匹克（IChO）金牌；2019年，朱冠宇获第32届国际青年物理学家竞赛（IYPT）金牌；2020年，彭也博获第36届中国数学奥林匹克第一名（满分），黄飞扬获2020年丘成桐中学科学奖全球总冠军；2021年，何思源等6人入选2021年清华大学丘成桐新领军计划（全国录取69人），冯晨旭、彭也博入选第62届国际数学奥林匹克中国国家队（全国6人）。

  这些成绩的取得，离不开深中营造的优良育人环境。正如清华大学朱邦芬院士所言："世界一流基础研究人才的培养，关键是要营造一个有利于杰出人才脱颖而出的良好环境。"在这方面，清华大学一直都给予了深中大力的支持与帮助：自2017年以来，清华学堂钱学森力学班创办首席教授郑泉水院士，时任清华大学副校长、著名物理学家薛其坤院士，清华大学生命科学学院教授施一公院士，清华大学物理系教授朱邦芬院士，清华大学丘成桐数学科学中心主任、菲尔兹奖获得者丘成桐院士先后莅临深中大讲堂，为深中学子带来科学盛宴；其间，深中与清华物理系和朱邦芬院士合作，共建朱邦芬院士工作站。今天，我们非常荣幸，再次与清华携手，以"拔尖创新人才培养基地"为平台，联合加快培养基础学科拔尖创新人才。

薛其坤院士走进深圳中学

自强成就卓越，创新塑造未来。未来，深中希望能与清华大学一道，在初、高中阶段积极探索培养拔尖创新人才的机制和模式，发现、孕育并系统培养人才苗子，建构一个符合人才成长规律，并与高等教育接轨的完整教育链，从而实现"涵养拔尖创新人才的'蓄水池'、强化大学中学衔接培养的'推进器'、奠定大学中学衔接的'攀登梯'"，不断将拔尖创新人才的早期培养推向新的高度；期待未来有更多的深中学子传承"追求卓越、敢为人先"的深中精神，自强不息、奋斗不止，立德为先、成长成才，为中华民族的伟大复兴，为人类文明的持续进步贡献力量！

谢谢大家！

2021 年 5 月 20 日

3-2

科学之巅的光芒最为耀眼
——在清华大学求真书院"求真游目讲座"上的致辞

尊敬的丘成桐院士、各位领导、各位老师,亲爱的同学们:

大家上午好!

首先,热烈欢迎丘先生一行远道而来、再次莅临深中指导,欢迎丘先生发起设立的"求真游目讲座"走进深中校园,欢迎杨亦诚同学为大家带来学术分享。

"求真游目"出自有"天下第一行书"美誉的《兰亭集序》,这是我非常喜欢的一篇古文。与一般谈玄文人不同,王羲之看似由喜入悲,感慨人生"修短随化,终期于尽",实则流露着一腔对生命的向往和执着的热情,因为文中还有一句:"固知一死生为虚

诞，齐彭殇为妄作。"正如李泽厚在《美的历程》中说："在表面看来似乎是如此颓废、悲观、消极的感叹中，深藏着的恰恰是它的反面，是对人生、生命、命运、生活的强烈的欲求和留恋。"

中国古人创作时的感情是含蓄且丰沛的，今人做学问也是一样。我们学习科学史，深入了解科学家的故事，就会发现很多顶级的科学家往往都拥有极高的艺术修养和人文造诣。"感情的培养是做大学问最重要的一部分。"这是读了丘先生《我的几何人生》后令我印象深刻的一句话。对于同学们来说，了解世界历史上伟大科学家的故事，了解他们对科学发展的影响，是提升个人文化修养非常好的方式，今天来到深中的"求真游目讲座"，主讲的就是数学史和数学家的故事。

数学是美的，沉醉畅游在数学这个纯粹的世界，是一种特别美好的享受。数学的这种美并不局限于数学本身，它是一切科学的基础，著名数学家、计算机科学家冯·诺依曼就出版过著作《量子力学的数学基础》；数学的美也不专属于一部分人，菲尔兹奖得主、清华大学教授考切尔·比尔卡尔在近期刚刚落幕的首届国际基础科学大会上表示："大多数人都无法估量自己的天赋——如果你真的喜欢数学，深入学习、努力解决你感兴趣的问题，才是成功的关键。"

数学不仅是美的，同时更重要的是，数学又是创造的。数学实力往往影响着国家的实力，当前许多"卡脖子"的难题，最终都"卡"在数学等基础研究上。因此，推动基础研究人才培养的"关口前移"，着力构建基础学科拔尖创新人才的早期发现、精准选拔、贯通培养机制迫在眉睫，这是清华大学和深圳中学共同的夙愿和携手努力实现的目标。2018 年，时任清华大学副校长薛其坤院士莅临深中大讲堂，带来讲座"做个快乐的追梦者"。2019

年，清华学堂钱学森力学班创办首席教授郑泉水院士莅临深中指导。2020年，朱邦芬院士和丘先生先后莅临深中大讲堂，带来讲座"和中学生朋友谈谈世界一流科研人才的成长之道"和"数学中的真与美"；深中与清华大学物理系和朱邦芬院士合作，共建朱邦芬院士工作站。2021年，清华大学副校长杨斌教授莅临深中指导；深中成为清华大学基础学科拔尖创新人才大学中学衔接培养基地；当年，深中有6人入选首届清华大学丘成桐新领军计划（全国录取69人），全国第一，并在丘先生的支持下开办丘成桐少年班，期待未来能在拔尖创新人才识别与培养方面得到丘先生更多的指导与帮助。2023年4月，清华大学校长王希勤教授莅临深中大讲堂；7月，清华大学2023年首封本科生录取通知书花落深中。

亲爱的同学们，科学之巅的光芒最为耀眼，科学最重要的目标之一就是追寻科学本身的永恒真理，同时这种追求精神本身，又成为社会发展和人类进步的一种最基本的推动力。期待同学们早立远大志向，追随内心呼唤，沉醉科学美丽，发现科学真理，未来将自己锻造成为可堪大任的栋梁之材。

谢谢大家！

2023年8月11日

3-3

发展科学志趣,培养创新精神
——在清华大学朱邦芬院士工作站揭牌仪式上的致辞

尊敬的朱邦芬院士、王亚愚教授、阮东教授,各位同仁:

大家上午好!

今天,我们非常荣幸地邀请到了清华大学朱邦芬院士在深中设立工作站。作为一位享誉世界的凝聚态物理学家,朱院士不仅学术造诣深厚,而且非常关心基础教育,尤其是拔尖创新人才的培养。当下,拔尖创新人才是国家国力提升的核心力量,是解决世界科技竞争领域"被卡脖子"难题的关键因素。

朱邦芬院士在深中大讲堂现场

深圳中学作为以深圳这座城市命名的中学，自 1947 年建校以来，紧紧追随国家和深圳的前进步伐，大胆创新、先行先试，不断探索拔尖创新人才识别与培养的实践路径：1993 年，深中组织创办超常教育实验班；2003 年，启动以"新课程及教学"为平台的课程改革；2017 年，与华为合作设立"深圳中学-华为特殊人才奖"，在初、高中阶段发掘并资助有特殊专长的天才、偏才、怪才；2020 年，再度与华为合作，联合开办"华为-深圳中学数理实验班"。

关于拔尖创新人才的培养，朱院士在实践中不断总结凝练的育人理念和经验，让我们受益匪浅。例如："世界一流基础研究人才的培养，关键是要营造一个有利于杰出人才脱颖而出的良好环境。"近年来，深中在"建设中国特色世界一流高中"的办学定位和"培养具有中华底蕴与国际视野的拔尖创新人才"的育人目标的指引下，积极融合课程资源，拓展实践平台，力争为学生营造良好的科研氛围和学习环境。截至目前，学校已与北大、中科大、上海交大、华为、腾讯、大疆等著名高校、企业共建 18 个创新实验室和创新体验中心，涉及天文、生物、能源、人工智能等多个专业领域，但近代物理，尤其是量子物理方向仍是空缺。2018 年 4 月 14 日，清华大学副校长、著名物理学家薛其坤院士莅临深中大讲堂，为同学们带来了一场量子物理学的科学盛宴，拉近了中学生与神秘的量子物理之间的距离，也让我萌生了将量子物理实验技术引入中学的想法。这个构想当即得到薛院士的高度认可和大力支持，衷心感谢薛院士促成了此次深中与清华大学物理系及朱邦芬院士的合作。

清华大学英才辈出、人才济济，目前深中的教师队伍中就有 30 余人是清华大学优秀的硕士、博士毕业生，物理学科的 13 位博士中有 8 位来自清华。清华物理系量子物理的科研水平世界领先，后续我们将以工作站为平台，在清华大学物理系的指导下，不断提高同学们的实践能力和研究水平。

学生科学志趣和创新精神的培养是一个系统工程，一个好的平台固然重要，但更需要大师的引领。在形成工作站方案之初，朱院士便指出，"一定要切实发挥作用，不挂虚名"。朴实的一句话让我们窥见了一位科学家、教育家严谨的治学态度和工作作风。希望深中学子在大师的引领下，学会做研究，更要学会做人；希望通过此次工作站的设立，深中能在朱院士的指导下将拔尖创新人才的培养推向新的高度；期待未来有更多的深中学子圆梦清华园，领略"景昃鸣禽集，水木湛清华"的清华风采，传承"追求卓越、敢为人先"的深中精神，自强不息、奋斗不止，立德为先、成长成才，为中华民族的伟大复兴贡献力量！

谢谢大家！

2020 年 5 月 21 日

3-4

文化是创新的灵魂
——在北京大学2022年全国首封录取通知书颁发仪式上的致辞

尊敬的张继平院士，尊敬的各位老师、各位嘉宾，亲爱的同学们：

大家上午好！

欢迎各位莅临深圳中学新校区出席今天的活动。很高兴，也很荣幸，深中两位学子——彭也博和冯晨旭成为2022年北京大学全国第一和第二封高考录取通知书获得者。彭也博是第62届国际数学奥林匹克金牌得主，虽不善言辞，但禀赋过人、思维敏捷，

朱华伟校长、张继平院士、冯晨旭、彭也博、冯晨旭的父亲、
彭也博的父亲、王坤老师（从左至右）

被北京大学数学科学学院录取。冯晨旭是第 62 届国际数学奥林匹克金牌和第 13 届罗马尼亚数学大师杯比赛金牌得主，拥有极高的数学天赋，而且勤奋努力，被北京大学数学科学学院英才班录取。他们能够进入北京大学继续深造，是深中的骄傲和荣耀，借此机会向两位学生表示热烈的祝贺，向辛勤培育你们的家长和老师表示衷心的感谢！

北京大学历史悠久，北京大学数学科学学院底蕴深厚——1913 年北大数学门招收新生，标志着我国现代第一个大学数学系正式开始教学活动；1919 年秋，北大改"门"为"系"，蔡元培校长在厘定各系秩序时说道："大学宗旨，凡治哲学文学应用科学者，都要从纯粹科学入手；治纯粹科学者，都要从数学入手，所以各系秩序，列数学系为第一系。"数学是一切科学的基础，人类几乎每一次重大的进步背后，都是数学在强有力地支撑着。

蔡元培先生不仅治校有方，而且育人有术。他曾说："知教育者，与其守成法，毋宁尚自然；与其求划一，毋宁展个性。"这也是深中一以贯之的教育理念和做法，深圳中学为学生搭建多元发展立交桥，争取让每个学生都有出彩机会。对于一所学校而言，如何让学生发现自我、实现自我，出众出彩、出类拔萃？营造科学民主、开放包容、多元和谐、严肃活泼的文化氛围至关重要，这是深中多年来校园文化发展的成果

文化是发展的根基，文化是创新的灵魂。曾执教北大的鲁迅先生在《未有天才之前》一文中这样写道："不但产生天才难，单是有培养天才的泥土也难。我想，天才大半是天赋的；独有这培养天才的泥土，似乎大家都可以做。做土的功效，比要求天才还切近；否则，纵有成千成百的天才，也因为没有泥土，不能发达。"具有"循思想自由原则，取兼容并包主义"文化传统的北京

大学，就为全国乃至全世界各地的英才提供了丰厚富饶的精神成长土壤，相信彭也博和冯晨旭两位同学也能够在北大继续各展所长、尽展所长，祝福你们早日学有所成、有所建树，你们要立志成为大数学家，为人类发展和世界进步做贡献。

最后，再次感谢北京大学为深中学子颁发北大 2022 年的第一封录取通知书，这是给予深中学子独特的深情与厚望。希望未来能有更多的深中学子走进北大这座自由民主的学术殿堂学习，希望深中与北大能有更多和更深入的交流与合作，我们携手为全面优化创新人才培养生态，为国家和民族培养拔尖创新人才而不懈奋斗！

谢谢大家！

2022 年 7 月 12 日

3-5

携手探索星空
——在北京大学天文创新实验室签约揭牌
仪式上的致辞

尊敬的高原宁院士、各位领导、各位老师：

大家上午好！

欢迎各位参加深圳中学与北京大学物理学院共建的天文创新实验室的云签约仪式。

北京大学天文创新实验室签约揭牌仪式现场

深圳中学作为以深圳这座城市命名的中学，秉承"追求卓越、敢为人先"的精神传统，紧随国家和深圳特区的前进步伐，是深圳教育的窗口和文化名片。"建设中国特色世界一流高中,培养具有中华底蕴与国际视野的拔尖创新人才"是我们主动选择和承担的教育使命,"为学生搭建多元发展立交桥,让每个孩子都有出彩机会"是我们不变的育人初心与不懈追求。自 1947 年建校以来,深中累计为国家培养了四万余名初、高中毕业生,杨天骅同学就是其中的优秀代表。作为中国物理竞赛有史以来唯一一位在高一年级就入选国家集训队和国家队的学生,杨天骅在第 49 届国际物理奥林匹克中一举夺魁,取得了个人总分第一、理论第一、实验第一的骄人成绩,高一时就被北京大学物理学院破格录取。

用优秀的人才能培养出更优秀的人,目前深中的教师队伍中就有 40 余位是北京大学优秀的硕士、博士毕业生。北京大学一直是无数学子心中的梦想学府,此次与北大物理学院携手创建天文创新实验室,对我们来说意义重大。天文学的发展是人类文明进步的重要组成部分,中国最早的诗歌总集《诗经》中就有记载:"维南有箕,不可以簸扬。"杜甫也有诗云:"人生不相见,动如参与商。"北京大学历史悠久、享誉世界,北京大学物理学院代表中国物理学教育的最高水平,北京大学天文系是中国天文学教育的佼佼者。深圳中学的天文教育起步很早,中国天文学会普及工作委员会早在 1993 年就在深圳中学举行过年会,腾讯创始人马化腾是深圳中学 1989 届校友,在校时他就是深中天文社的成员。

此次之所以能够与北大物理学院顺利签约天文创新实验室,要特别感谢胡剑老师。胡老师是清华大学物理系博士、德国 Max-Planck 天体物理研究所博士后,曾就职于清华大学物理系天体物理中心和中国科学院国家天文台。胡剑博士去年 10 月份入职深中,目前是深圳中学天文创新实验室负责人。天文创新实验室的揭牌只是一个开端,接下来我们将在深圳中学新校区共同筹建国内中学最高水平的天文台,共同开发天文课程、开展天文活动,为学生创造一个专业的天文学学习环境,打造基础天文教育的"先行示范区"。

深圳中学天文台

最后,期待与高院长等北大同仁携手为更多学子的成长之路点燃指路明灯,期待未来有更多的深中学子能够走进北大,成长为兼具中华底蕴和国际视野、创新精神和实践能力的高素质人才,为国家和民族的伟大复兴贡献力量!

谢谢大家!

2020 年 5 月 15 日

3-6

为培养青少年科创人才共同努力
——在南京大学创新实验室签约揭牌仪式上的致辞

尊敬的陆延青校长，尊敬的南京大学的各位老师：

大家上午好！

欢迎各位参加深圳中学与南京大学共建的先进光声功能材料实验室的云签约揭牌仪式。

南京大学先进光声功能材料实验室签约揭牌仪式现场

南京大学是一所历史悠久、声誉卓著的百年名校，2017年入选A类世界一流大学建设高校名单，是很多深中学子心中的理想大学。深圳中学创办于1947年，在建校七十周年之际，基于中国特色社会主义进入新时代和国家加快建设"双一流"的背景，确立了新的办学定位"建设中国特色世界一流高中"和育人目标"培养具有中华底蕴与国际视野的拔尖创新人才"。深中拥有全国最优秀的学生，他们个性鲜明、自信乐观、笃信好学、自主自律，他们善于思考、富于想象、敢于创新、乐于挑战。面对这样优秀的学生群体，我们有责任引进更多的海内外优秀人才、搭建先进的高端学术平台、营造优良的校园文化氛围，引领他们获得更好的发展。三年多来，我们不遗余力对学校的创新活动中心进行了大幅扩充和优化升级，截至目前已与北大、清华、华为、腾讯、大疆等著名高校、企业共建了19个创新实验室和创新体验中心，涉及数学、物理、生物、天文、人工智能等多个专业领域。这些优质的学术中心为教师提供了多元的专业发展平台，拓展了学生的学习空间，培养了师生的动手能力和创新精神。

纵观人类发展历史，创新始终是支撑一个国家、一个民族发展的核心动力，是推动人类社会进步的重要力量。大力提高青少年的创新能力，培养科技创新人才，对中国屹立于世界民族之林具有重要的战略意义。深圳中学七十余年的办学积淀，形成了科学民主、开放包容的校园文化，为科技创新教育的发展营造了适宜的氛围和充分的生长空间。南京大学在先进功能材料及其应用研究方面具有悠久历史和深厚底蕴，并且拥有国内唯一的声学本科专业和国家重点学科，在国际上享有盛誉。此次非常荣幸能与南大共建先进光声功能材料实验室，深中学生将借此平台近距离接触功能材料方面的前沿科技成果，并在两校老师的指导下参加相关竞赛活动、开展课题研究等。

南京大学和深圳中学交往密切，去年南京大学授予我校最佳生源基地，此次与我校共建创新实验室，同时授予我校"0年级计划协同培养基地"。我和陆校长是一见如故的朋友，而且和南京大学也很有渊源——我到任深中校长后的很多理念和做法受益于南京大学匡亚明老校长的办学思想。匡校长对当代中国高等教育事业有重要贡献，做了许多开创性的工作；他是吉林大学的重要奠基人，并曾两度出任南京大学校长，其间冲破束缚，延揽名师，注重传统文化教育，是新时期中国高等教育的代表性人物。受匡校长办学思想的启发，我们三年多来不拘一格、广纳贤才，大力引进海内外名校毕业生，学校目前有博士教师 60 余人，北大、清华毕业教师 80 余人，哈佛大学、牛津大学、剑桥大学等海外顶尖名校毕业教师 20 余人。匡校长为弘扬传统文化，率先在南京大学开设"大学语文"必修课，并在全国许多高校得到推广；而深中育人目标"培养具有中华底蕴与国际视野的拔尖创新人才"中所强调的"中华底蕴"也是期望在中学阶段培植学生的家国情怀，陶冶高尚情操。

南京大学先进光声功能材料实验室

最后，衷心感谢陆校长，是他的大力推动和辛苦付出，才促成了此次深中与南京大学的深入合作，希望两校为培养具有科学素养和创新精神的青少年科创人才共同努力，期待未来有更多的深中学子走进南京大学，感受百年学府的文化底蕴和学术魅力！

谢谢大家！

2020 年 6 月 18 日

3-7

于道各努力，千里自同风
——在哈工大-深中战略合作暨哈工大-深中创新实验班揭牌仪式上的致辞

尊敬的各位领导、各位老师，亲爱的同学们：

大家下午好！

2023年4月，哈工大校长周玉院士莅临深中大讲堂，为深中学子带来了精彩讲座。今天，非常高兴再次和哈工大各位领导相聚深中，举行哈工大-深中战略合作暨哈工大-深中创新实验班揭牌仪式。

哈工大-深中战略合作暨哈工大-深中创新实验班揭牌仪式现场

哈尔滨工业大学是我国最老牌的工科学校之一，严谨务实的校风深刻影响着一代又一代毕业生，一直都是很多深中学子的梦想学府。近年来，深中毕业生报考哈尔滨工业大学的人数逐年增多。

深中高中园是深圳中学应深圳市政府要求，在深汕特别合作区开办的三所公办学校的统称。2023年我们开办了高中园第一所高中——深中数理高中，招生规模500人，目前借址坪山办学。2024年我们将开办深中科技高中、深中实验高中。2023年6月，深中数理高中和中国科技大学签署了中科大-深中数理实验班协议。今天，非常高兴再次见证深中高中园又一喜事，哈工大-深中创新实验班即将落户2024年开学的深中实验高中。希望这个实验班深度联合哈工大各院系，特别是国际设计学院，基于工业设计、工程学等领域，创新研发课程、夯实人才培养细节，为基础教育创新人才培养探索一条更宽广的道路。

"于道各努力，千里自同风。"再次感谢哈尔滨工业大学一直以来对深圳中学的信任和厚爱，祝贺在座的哈工大应届毕业生加入深中实验高中大家庭，期待未来深中和哈工大继续携手发展，共同进步，为祖国拔尖创新人才培养的伟大事业贡献力量。

谢谢大家。

2023年12月7日

3-8

在北京理工大学深中优秀生源基地牌匾颁发仪式暨体育育人合作框架协议签约仪式上的致辞

尊敬的张军书记、各位领导、老师们：

大家下午好！

阳春三月，草长莺飞。欢迎大家来到春意盎然的深圳，来到美丽的深中校园！张军院士在百忙之中莅临深圳中学考察调研，充分体现了北理工对深中的重视与厚爱。在此，我代表学校对大家的到来表示热烈欢迎和衷心感谢！

北京理工大学优秀生源基地授牌仪式现场

北京理工大学是一所具有鲜明红色基因和优良革命传统的一

流大学，是新中国第一所国防工业院校，是中国共产党创办的第一所理工科大学，在数十万校友中，有李鹏、曾庆红、叶选平等党和国家领导人，有王小谟、彭士禄等70余位院士以及一大批科教英才、时代先锋和治国栋梁。自1940年于延安诞生以来，北京理工大学创造了许多中国乃至世界第一，也走出了一条有中国特色的"红色育人路""强军报国路""创新发展路"。3月26日，张军书记在《光明日报》上发表署名文章《更好发挥基础研究人才培养主力军作用》，文章提道：要开辟从基础教育到高等教育一体化的识别、选拔、培养、升学的通道，让有天分、有潜力、有志趣的学生能够脱颖而出。

深圳中学与北理工一样诞生于20世纪40年代，七十余年来筚路蓝缕，砥砺奋进。2017年，我提出"建设中国特色世界一流高中"的办学定位和"培养具有中华底蕴和国际视野的拔尖创新人才"的育人目标，得到了社会各界和深中师生的普遍认可与支持。近年来，学校围绕拔尖创新人才培养，在办学理念、师资队伍、课程改革、校园文化、国内高考、学科竞赛、国际教育、科创教育、艺体教育、服务社会等方面，做了大量探索和实践，也取得了一些成绩。

党的二十大报告指出，"我们要坚持教育优先发展……全面提高人才自主培养质量，着力造就拔尖创新人才"。这进一步坚定了我们聚焦拔尖创新人才培养的信心和决心。我认为，在这方面，深圳中学与北京理工大学有高度的共识，有一样的紧迫感，有一致的方向，也有诸多贯通合作的地方。

北京理工大学是深中学子的梦想学府，2023年深中有10位同学被北京理工大学录取，全省第一。期待深中学子可以在北京理工大学等著名大学学有所获、学有所成，未来成长为道德高尚、治学严谨的国家栋梁之材。

张军书记为北理工-深中足球友谊赛开球

最后,衷心希望两校以张军书记此次来访为契机,在争创中国特色世界一流教育等方面开展更多交流与合作,共同为中华民族的伟大复兴储备更多拔尖创新人才出谋划策,贡献力量!

谢谢大家!

2023 年 3 月 30 日

3-9

中西交融，共谋发展
——在与普林斯顿国际数理学校缔结友好学校云签约仪式上的致辞

尊敬的刘彭芝校长，尊敬的美国普林斯顿国际数理学校、人大附中的领导和老师们：

大家上午好！

欢迎各位参加深圳中学与普林斯顿国际数理学校缔结友好学校的云签约仪式。普林斯顿国际数理学校拥有先进的教育理念和广阔的全球化视野，汇聚了来自世界各地出类拔萃的学生、能力超群的老师和才华横溢的研究人员。非常高兴，深中和普林斯顿国际数理学校正式建立合作，成为友好学校，共谋教育发展。

缔结友好学校云签约仪式

古人云："山积而高，泽积而长。"深中自1947年建校，尤其是改革开放以来，秉承兼容并蓄、博采众长的发展理念，不断开拓和优化深中多元课程体系，形成了以国家课程为核心的高考课程体系，以美国 AP 课程、英国 A-Level 课程为主体的国际课程体系和以培养数理化、生物、信息拔尖人才为目标的竞赛课程体系，融合资源、搭建平台，与华为、腾讯、大疆、北京大学、清华大学等著名企业、高校共建 19 个创新体验中心和创新实验室，为国内外高校输送了大量优秀人才。国内顶尖大学的录取人数近年来居广东省第一。海外录取综合数据居全国前列，近四年有三人被哈佛大学录取。2018 年，杨天骅、薛泽洋获第 49 届国际物理奥林匹克（IPhO）金牌，聂翊宸获第 50 届国际化学奥林匹克（IChO）金牌；2019 年，朱冠宇获第 32 届国际青年物理学家竞赛（IYPT）金牌，深中代表队获 VEX 亚洲机器人锦标赛金奖；2020 年，彭也博获第 36 届中国数学奥林匹克第一名，黄飞扬获丘成桐中学科学奖全球总冠军，李昊原获全美生物与健康未来领袖挑战 ATC－生物化学科目全球第一，深中代表队获国际基因工程机器大赛（iGEM）高中组金奖。

深中友好学校（部分）

"独行快，众行远。"深中坚持开门办学，与美国普林斯顿国际数理学校、芬兰耶尔文佩高中、德国萨尔兹曼外语学校等海外著名高中建立合作。2019年12月，人大附中原校长刘彭芝莅临深中指导。借此机会，感谢刘校长牵线搭桥，感谢人大附中各位促成并见证此次深中与普林斯顿国际数理学校缔结友好学校。

"千人同心，则得千人力；万人异心，则无一人之用。"今天的世界，互联互通、休戚与共，因此加强交流、取长补短，是学校做好教育的应有之义。希望两校在今后的合作中，碰撞出更多的中西文化交融的火花，共同为世界一流大学输送更多优秀学子，为国家、为人类培养更多杰出人才。

谢谢大家！再次感谢刘校长，诚邀各位莅临深中参观交流。

2021年1月8日

3-10

深港共融，同心筑梦
——在首届深港教育融合创新研讨会上的主持词

尊敬的各位嘉宾：

大家上午好！

我再回应一下香港中文大学侯校长。2019年12月3日，国际学生评估项目（PISA）2018测试结果公布，中国四省市（北京、上海、江苏、浙江）作为一个整体，取得了阅读、数学和科学全部三项科目世界第一。而在此前一次的PISA2015测试中，中国四省市（北京、上海、江苏、广东）作为一个整体参赛，排名第十。

然而，三年之间PISA排名的大幅攀升，就意味着中国基础教育已经大幅进步并已然站上了世界基础教育金字塔的最顶端吗？

回首中国四次PISA之路，2009年、2012年上海单独参加，全世界第一。近两次北京加上东部沿海经济、文化、教育最为发达的三省市参加，而没有涉及广大的中西部地区。那么，以这样的方式求出的平均数，不能代表中国整体的基础教育水平。

以参加PISA2018的四个省市为例，作为中国政治文化中心的北京和作为经济金融中心的上海，这两座城市本身就具有超强的教育实力，江苏和浙江两个省自古以来就是文化教育强省。早在唐代，大诗人韦应物就已这样赞许："吴中盛文史，群彦今汪洋。"据统计，自隋朝施行科举制度以来，从江苏和浙江两省走出的状元最多；有院士制度以来，诞生两院院士最多的省份也是江苏和浙江。截至目前，获得诺贝尔奖科学奖项和文学奖项的华人有 11 位，杨振宁来自安徽，丁肇中和朱棣文在美国出生，李远哲来自台湾，崔琦来自河南，高行健来自江西，莫言来自山东，其余四位均来自江苏和浙江，他们分别是：李政道、钱永健、高锟和屠呦呦。9 位华人获诺贝尔奖科学奖，2 人在美国出生，4 人来自江浙。由此可见，PISA2018 的世界第一虽可以说明一定的问题，但若想展现中国基础教育的全貌，至少需在沿海、中部和西部等省市地区分别选出一部分有代表性的学生组成被测样本才有可能实现。

在第一场论坛中，我们对教育未来的展望令人振奋，对创新教育前景的讨论深刻而又富有指导意义。接下来，由我担任第二场主题论坛的主持人。

第二场论坛的主题为：关于深港融合，带动全球创新。在此次论坛中我们将主要探讨：

● 如何更好地整合深圳和香港的资源，推动全球创新？

● 如何继承香港优质学校的教育基因，与国家课程做好有机结合？

● 如何共同推进深圳和香港的科创教育？

深圳和香港一衣带水，相互支持、共同发展，在经济、基建、科创、民生和生态环境的沟通合作方面拥有互惠共赢的良好基础。近日，林郑月娥女士在 2021 年度的施政报告中更提及香港北部都会区的发展战略：港深两地将紧密互动，拟建连接深圳前海铁路，使两地相互连接，形成"双城三圈"的空间格局。地理空间的连接直接催化两地经济、文化的沟通，将进一步促进深港两地的深入交流，协作共赢。

在第二场论坛中，我们非常荣幸地邀请到了来自香港教育界的权威人士，他们将为我们分享他们关于深港融合，带动全球创新的独到观点。

接下来有请第二场的第一位嘉宾：

孔美琪博士是一名经验丰富的教育家和领导者，她是香港沪江维多利亚学校总校长、中国维多利亚教育集团总校长、世界学前教育组织（OMEP）原主席、香港中文大学校董。她今天为大家分享的主题是"以人为本，共创深港教育新格局"。

[10:50—11:03　孔美琪女士发言（约13分钟）]

感谢孔博士的精彩演讲，孔博士让我们看到：在教育大局的变革与发展中，"人"将作为我们持之以恒、坚定不移的核心关注点。而在新时代的背景下，我们的素养教育将怎样助力人的发展？对于教育工作者而言，我们又该如何培养人才？

接下来有请李子建教授。李子建教授是香港教育大学学术及首席副校长、课程与教学讲座教授、可持续发展教育中心联席总监、卓越教学发展中心联席总监。他分享的主题是"深港融合，带动全球创新：素养教育与人才培养的视角"。

[11:03—11:16　李子建教授发言（约13分钟）]

感谢李教授的精彩分享，"立德树人，文以化人；做人第一，学习第二"，这是博雅教育的核心所在。李教授为我们勾勒了素养教育未来的发展蓝图，并指出了教育工作者在人才培养中的巨大作用。教育是个体的教育，却更与时代的走向息息相关。

在深港融合的时代背景下，大湾区的教育融合该走向何方？接下来，我们有请上海民办包玉刚实验学校创始人兼常务副理事长、香港环球教育集团总裁、上海市政协委员包文骏理事长带来他的分享。他分享的主题是"大湾区教育融合：人心回归的基石"。

[11:16—11:29　包文骏理事长发言（约13分钟）]

包文骏理事长的发言让我们更深刻地感受到，中华优秀传统文化教育的意义和价值。在今日的历史坐标上，在大湾区独特的地理位置中，融合教育的发展前景与趋势。教育的发展离不开科技和创新，深港两地拥有丰富的教育资源，如何继承这些优质资源，为未来创新教育赋能呢？接下来我们有请香港津贴中学原议会主席、香港大学原校董、城市大学校董、宣基中学校长潘淑娴博士带来她的分享，她分享的主题是"如何在深港两地共同推进科创教育"。

［11:29—11:42　潘淑娴博士发言（约13分钟）］

感谢潘博士的分享。深中的科创教育国内领先，我们与著名大学和企业共建21个创新实验室和创新体验中心，学生在世界大赛中屡获殊荣，相信科创教育会极大推动深港两地的教育融合和创新。

感谢嘉宾们精彩而又翔实的分享。"各美其美，美人之美，美美与共，天下大同。"深港融合是时代使命，更是对创新教育者的巨大挑战和绝佳机遇。至此，我们第二场主题论坛环节结束。最后，请孔美琪博士来为本次论坛做总结演讲。

2021 年 10 月 23 日

附　录

附录 1

培养拔尖创新人才的深圳中学课程改革实践成果报告

一、问题的提出

2005 年，钱学森先生提出："为什么我们的学校总是培养不出杰出的人才？"拔尖创新人才是国家国力提升的核心力量，是解决世界科技竞争领域"被卡脖子"难题的关键因素，破解"钱学森之问"迫在眉睫。

2020 年 9 月 11 日，习近平总书记在科学家座谈会上明确提出"要加强基础学科拔尖学生培养"。拔尖创新人才的培养是一项衔接小、中、大学等阶段的系统工程，培养拔尖创新人才一定要从小抓起，从基础教育抓起。课程是育人的关键，普通高中如何构建多样化、个性化、有特色的课程体系，以实现拔尖创新人才早期培养？

就普通高中课程建设而言，主要存在以下三个矛盾：第一，教育的统一性和学生发展的多样性之间的矛盾；第二，打好基础和多维拓展之间的矛盾；第三，知识传承和科研探索之间的矛盾。只有从基础教育阶段就积极寻求改革、解决矛盾，探索培养拔尖创新人才的机制和模式，发现、孕育并系统培养人才苗子，才能建构一条符合人才成长规律，并与高等教育接轨的完整教育链。针对普通高中如何为拔尖创新人才厚植培养沃土的核心问题，学校经过近三十年的探索，构建了以创新素养为导向的课程体系，在课程模式、课程实施方式、保障体系三个方面取得丰硕成果。

二、解决问题的过程与方法

（一）酝酿蓄势期：试点创办超常实验班（1993—2002年）

本着因材施教、培优促特的教育理念，创办超常实验班，试水拔尖创新人才早期培养。以数理化优势学科为基础，通过对教学内容调序、精选、增效等方式，为思维敏锐、学有余力、求知欲强的学生提供拓展课程。

（二）拓展探索期：在全国率先推行选课走班（2003—2009年）

创设学科主题课大班化、常规课小班化、选课走班、部分学科课程基于模块对开等方式，变革课程组织形式，为学生提供拓展课程；创建导师制+辅导员制，促进个性化发展；建立创造性教与学的激励机制，以多种课型重构学生自主学习时空，以丰富的课程和教学组织方式为拔尖创新人才培养提供多元路径。

（三）完善深化期：确立"一体两翼"课程模式（2010—2017年）

以多元课程为主体，以社团活动和学术活动为两翼，形成"二维四组"菜单式课程。构建"自主学习、主题探究、展示评价"教学机制，辅以小班额、长短课组合等形式，以作品式、问题解决式作业充分发挥作业育人功能，以免听、免修、先修等重构教学组织方式，为拔尖创新人才培养开辟绿色通道。

（四）升华辐射期：优化推广人才培养成果（2018年至今）

引进200余位海内外名校毕业生，博士学位教师百余人，设立50余个立德树人、博士、学科等工作室；与著名大学、企业合作开发20余门科创课程；设立华为特殊人才奖，创新制度，培养具有中华底蕴与国际视野的拔尖创新人才。著名学者大讲堂、博士讲堂、疫情期间的学校课程等全网直播，累计观看人次数千万；

为新疆喀什第五中学、广西百色高中、深圳科学高中等十余所学校提供实践样板,惠及数万名学生;多次在全国高中教育发展论坛分享拔尖创新人才培养课改经验,参会学校逾 500 所,推进优质教育资源共享。

- 2018年至今 升华辐射期:优化推广人才培养成果
- 2010—2017年 完善深化期:确立"一体两翼"课程模式
- 2003—2009年 拓展探索期:在全国率先推行选课走班
- 1993—2002年 酝酿蓄势期:试点创办超常实验班

解决问题的过程与方法

三、成果的主要内容

伴随着国际竞争的日趋激烈,社会对拔尖创新人才的需求日益迫切,学校深刻认识到培养具有原始创新能力和颠覆式创新能力的拔尖创新人才的必要性,前瞻性地营造了重视英才教育的文化氛围,加强了兼顾教育公平和人才选拔的价值引导,坚持为党育人、为国育才,积极发现、孕育并系统培养了大量人才苗子。此外,学校积极营造了开放包容的校园文化环境,切实做到了解放思想、实事求是、以人为本、尊重差异,为实现每一位学生的充分发展和潜能突破保驾护航。学校以破解高中教育阶段存在的教育统一性与学生发展多样性之间、打好基础和多维拓展之间、知识传承和科研探索之间三个主要矛盾为着力点,经三十年探索,创建了拔尖创新人才早期培养的课程改革价值理念、"一体两翼"课程模式、教学组织实施体系和"三护航"保障体系。

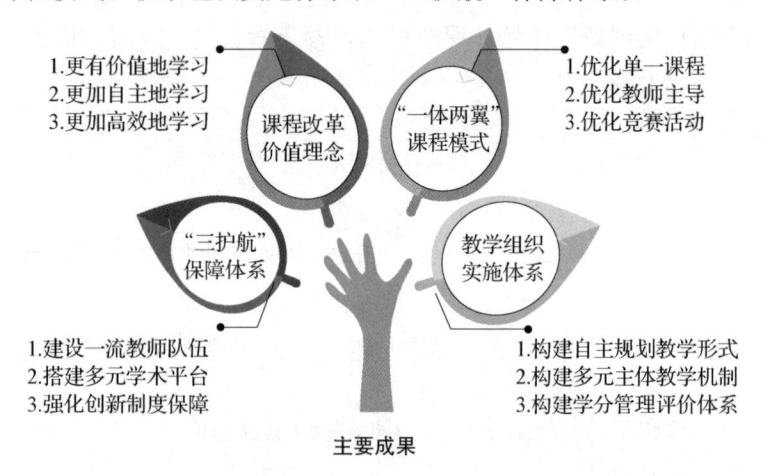

1. 更有价值地学习
2. 更加自主地学习
3. 更加高效地学习

课程改革价值理念

"一体两翼"课程模式

1. 优化单一课程
2. 优化教师主导
3. 优化竞赛活动

"三护航"保障体系

教学组织实施体系

1. 建设一流教师队伍
2. 搭建多元学术平台
3. 强化创新制度保障

1. 构建自主规划教学形式
2. 构建多元主体教学机制
3. 构建学分管理评价体系

主要成果

（一）创建拔尖创新人才早期培养的课程改革价值理念

根据多元智能理论和因材施教原理，基于科学民主、开放包容、多元和谐、生动活泼的价值追求，秉承让每个学生都有出彩机会的育人理念，搭建多元发展立交桥，构建更有价值、更自主、更高效的"一体两翼"课程模式，实现按需施教、按需选学，营造人人成才、人尽其才的育人环境。学校在充分尊重学生个体发展的同时，兼顾学生的差异性，学生可以基于规划选择方向，基于志趣选择课程，基于基础选择层次，在适合自己的方向上追求卓越，成长为更好的自己。课程构建、实施与评价的核心价值是"为了促进每一位学生自由且充分的发展"，围绕"让学生更有价值地学习、更自主地学习、更高效地学习"的学习理念而展开。

（1）"更有价值地学习"是指学习基于自我的真实需要，学习目标与自己的人生规划紧密相关。

（2）"更自主地学习"回答了"学什么""怎样学""何时学"

三个问题。"学什么":按需选学,会了的就不用学,感兴趣的可多学习;"怎样学":可以自主选择课程修习方式,通过研究性地学进行深度学习;"何时学":学习进程可以选择。

(3)"更高效地学习"是指以学生导师为引领、学生综合评价方案为指挥、智能化技术为工具,帮助学生更高效地学习。

(二)创建拔尖创新人才早期培养的"一体两翼"课程模式

着眼拔尖创新人才的早期培养,为了让学生实现自由、全面和充分发展,学校创建了"一体两翼"的课程模式。

1. 优化单一性课程,构建多元化的主体课程

主体课程以国家课程和校本课程为二维;校本课程以校本必修、特色选修、公共选修、校外选修为四组,构建"二维四组"菜单式课程。其中,校本必修课程注重五育并举、劳动育人;特色选修课程为学生搭建立足学校、放眼世界、关注学术前沿的交流平台;公共选修课程聚焦通识教育和未来规划;校外选修课程面向世界、务实求真、知行合一。

国家课程	校本课程											
^	校本必修			特色选修				公共选修				校外选修		
国家必修课程	选择性必修课	劳动实践课程	自我成长课程	文化经典课程	信息技术课程	学科拓展课程	学科竞赛课程	学科国际课程	深中博士讲堂	深中大讲堂	人文社科课程	理工农医课程	艺体审美课程	生涯规划课程	创新体验课程	网络研学课程	海外游学课程	大学先修课程

"二维四组"菜单式课程

以学生发展核心素养为核心,基于学生在禀赋、志趣和学习需求方面的差异,校本课程为学生提供了菜单式、多层级、可选择性的课程。分为文化基础、自主发展、社会参与 3 大板块,包

165

含人文底蕴、科学精神、学会学习、健康生活、责任担当、实践创新6个系列28类课程群，共计260余门校本课程，满足学生自主选择权和个性化发展的需求，促进学生创新素养的发展。

2. 优化教师主导式社团活动

社团活动是主体课程在课堂外的延伸拓展，构建"学生自主+学校引领"的社团活动，实现做中学，激发了学生的创新意识和创造能力。秉承价值引领、尊重个性、主动发展、多元融合、追求卓越的育人理念，社团活动均由学生根据他们的兴趣自主发起。社团活动的宣传、组织、审批、评估和运营也是由学生组织负责，参与社团活动管理的学生组织有7个：团委、学生会、社团联盟理事会、学长团、学生活动中心、朋辈、智慧校园平台运营中心。

3. 优化过于关注竞争的学术活动

学术活动是主体课程在课堂外的加深提升，有效地培养了学生的创新人格、思维和方法。在导师引领下，开展问题引导、敢于批判、大胆质疑、注重过程的学术活动，让学生在创新过程中实现创新精神的培育。学生像科学家一样探究，不断提升知识、能力、思维和方法等方面的创新素养和国际合作与竞争力。

（三）创建拔尖创新人才早期培养的教学组织实施体系

为学生搭建多元发展立交桥，帮助他们实现更自主、更高效和更有价值的学习，学校从教学组织形式、学生综合评价和保障体系三个方面创建了教学组织实施体系，为拔尖创新人才早期培养保驾护航。

1. 构建由整齐划一走向自主规划的教学组织形式

利用信息技术支持教学组织方式的变革，对原有的教学组织按年级进行优化。比如，高一年级的体育、艺术、技术科目实行选课制，学生根据兴趣选课走班。高二年级物理、历史方向的行政班以选科组合为单位实行分层教学，分 A、B 两层；化学、地理、政治、生物四科作为高考选考科目实施走课。

为实现学生更自主和有效地学习，学校制定了免修、免听和先修课程教学组织方式。每学期开学的第一周，经学术委员会审核推荐，学生可以申请学科水平评测，成绩优秀者可获得免修资格并直接获得学分；成绩良好者可获得免听课程的机会，自学后参加期末考试；有免修资格的学生，可获得高阶课程的先修。

2. 构建由教师单一主体走向多元主体开展教学的机制

授课教师不仅有学校内部的老师，而且有来自校外的客座教师、创新企业的工程师和高校的教授。他们为学生展示学术前沿、传播人文思想、陶冶艺术情操、启迪人生智慧。比如，著名学者大讲堂是讲座性质的校本课程，邀请海内外著名科学家、各领域取得卓越成就的行业精英与学生面对面交流；社团活动邀请校内外的专家作为活动指导老师；学术活动邀请来自世界顶尖创新企业的工程师和大学教授作为导师，为学生做线上线下的引领。

3. 构建由单纯课程学习获得学分走向将经历、能力等纳入学分管理的评价体系

2014 年制定《高中课程建设及学生综合素养评价方案》，采用"量化评价+质性评价"的方法评估学生综合素养。量化评价以学业成绩、奖惩记录、心理健康、体能测试、艺术素养测试、行为规范记录六个报告单展示；质性评价以人生规划、成长经历、师友印象和代表作品四个维度呈现。

（四）创建拔尖创新人才早期培养的"三护航"保障体系

学校在新时代背景下提出了建设中国特色世界一流高中的办

学目标，致力于培养具有中华底蕴与国际视野的拔尖创新人才。以建设一流师资队伍、搭建多元学术平台、完善制度建设为着力点，优化课程的实施保障体系，为高质量的拔尖创新人才早期培养保驾护航。

1. 引育并举，建设一流教师队伍，培育世界一流人才

自 2017 年以来，学校倡导"用最优秀的人培养更优秀的人"，不遗余力广纳贤才。目前，深中教师队伍中，博士教师 80 余人，北大、清华毕业的教师 100 余人，哈佛大学、麻省理工学院、牛津大学、剑桥大学等海外顶尖名校毕业的教师 60 余人，教授、正高级教师、特级教师、竞赛金牌教练、名班主任 30 余人。设立 50 余个立德树人、博士、学科等工作室，为每位青年教师配备教学导师、班主任导师，助推青年教师的专业发展。在关注青年教师专业发展的同时，勇于打破传统论资排辈的条条框框，推出"青年教师领导力培训项目"，安排青年教师进行行政跟岗实习。

2. 融合资源，搭建多元学术平台，提供高端学术活动

与清华大学、北京大学、中国科技大学、上海交通大学、南京大学、香港中文大学（深圳）、深圳大学、加拿大阿尔伯塔大学、南方科技大学、哈尔滨工业大学（深圳）等著名大学共创了 12 个创新实验室，探索中学与大学有机衔接的拔尖创新人才培养模式。服务于国家重大战略需求，与腾讯、华为、大疆、科大讯飞、中国广核集团、中国科学院深圳先进技术研究院、华大基因、深圳光启高等理工研究院、比亚迪、深圳建设银行、深交所等著名企业建立 11 个创新体验中心，携手共育有志于通过科技创新解决卡脖子难题的拔尖创新人才。充分利用优质社会资源，邀请海内外著名学者走进学校，开设著名学者大讲堂，拓展学生学术视野；发挥学校 100 余位博士教师群体雄厚的师资力量，开设博士讲堂，主题涵盖人文、数学、科学、社会学等多个领域，培养学生的学术研究兴趣，激发学习内驱力。

对学有余力的学生提供国内外高端学术活动 60 余项，如：中国国际"互联网+"大学生创新创业大赛萌芽赛道、国际奥林匹克五大学科竞赛、哈佛-麻省数学锦标赛、国际青年物理学家竞赛、滑铁卢国际化学竞赛、国际基因工程机器大赛、丘成桐中学生科学奖、全美经济学挑战赛、VEX 机器人竞赛、高中生学术辩论联赛、全球创新研究挑战大赛等，分布数学、物理、化学、生物、信息学、科学、经济、工程、语言、综合实践等多领域，为学生提供世界级的学术交流平台。

3. 创新制度，强化条件保障，助力拔尖创新人才培养

加强制度建设，不断优化完善《深圳中学课程建设方案》《深圳中学学分管理及学业评价方案》《深圳中学校本课程建设方案》《深圳中学分层走班教学管理方案》；成立方案制定与实施规划领导小组，出台学校五年发展规划和评估方案，在管理、教学和学习三大维度、十二个指标上进一步优化改革，明确了四十三项工作任务，制定了六十余项制度；制定拔尖创新人才培养方案和督导机制，设立华为特殊人才奖。

四、效果与反思

（一）效果

学生的创新素养、教师的教学能力、学校的办学水平取得了令人瞩目的成绩。学生在国内高考、海外升学、学术竞赛、科创活动等方面硕果累累；教师在教学和教研上屡获佳绩；学校的办学水平获得了社会广泛的高度赞誉。习近平总书记 2012 年在深圳考察的三家实体单位——腾讯、光启、深圳渔民村均由我校校友创办或主持。

1. 学生的创新素养极大提升

经过近三十年的课改实践，我校学生的创新素养得到普遍和大幅提升，尤其是在近五年的"课改升华期"实现了质的飞跃。

国内高考，全省第一。2017—2022年，清华、北大录取206人，广东省第一。2022年，文理屏蔽生共3人，其中物理类2人（全省第二、第四），历史类1人（全省第一）；物理类5人进入全省前20（占比25%），10人进入全省前50（占比20%），20人进入全省前100（占比20%）；历史类考生73人，7人进入全省前100；72%和74.2%的国内高考方向毕业生分别达到中山大学、华南理工录取线；北大、清华录取47人，广东省第一。

学科竞赛，全国前列。2018年，杨天骅、薛泽洋获第49届国际物理奥林匹克（IPhO）金牌，聂翊宸获第50届国际化学奥林匹克（IChO）金牌。2019年，朱冠宇获第32届国际青年物理学家竞赛（IYPT）金牌。2020年，李昊原获全美生物与健康未来领袖挑战ATC-生物化学科目全球第一，全国首次。2021年，在全国数理化生四大学科竞赛中，80人获全国一等奖，31人入选省队，13人获得金牌，6人入选国家集训队，广东省第一；余楚健获学术马拉松（Academic Marathon）全球总决赛化学全球第一；何思源等6人入选2021年清华大学丘成桐新领军计划（全国录取69人），全国第一；彭也博、冯晨旭获第62届国际数学奥林匹克（IMO）金牌；冯晨旭获第13届罗马尼亚数学大师杯比赛金牌；李可入选2021国际初中生信息学竞赛（ISIJ2021）中国国家队；金子越等10位同学获2021年全国青少年信息学奥林匹克联赛一等奖。

海外升学，全国领先。2017—2022 年，U.S. News 全美前 10 的大学录取 66 人；U.S. News 全美前 30 的大学录取 458 人，录取率 68%，U.S. News 全美前 50 的大学录取 749 人，录取率 93.5%，牛津、剑桥录取 27 人，英国 G5 精英大学录取 112 人。2022 年，U.S. News 全美前 10 的大学——普林斯顿大学、耶鲁大学、斯坦福大学、芝加哥大学、宾夕法尼亚大学录取 13 人；常春藤大学录取 8 人；U.S. News 全美前 30 的大学录取 58 人，录取率 73%；U.S. News 全美前 50 的大学录取 79 人，录取率 100%；牛津、剑桥录取 3 人，英国 G5 精英大学录取 22 人。

科创成果，示范全国。2017 年，3 名学生论文入选美国知名高中学术杂志 *Pioneer Research Journal*，是全球入选学生人数最多的学校（全球共 22 篇）。2017、2019、2020、2021 年，获国际基因工程机器大赛（iGEM）高中组金奖。2019 年，获 VEX 机器人亚洲锦标赛中国区一等奖 2 项，VEX 机器人亚洲锦标赛金奖 1 项。2020 年，黄飞扬获丘成桐中学科学奖全球总冠军；"全自动线上道路积水预警系统"项目组获第六届中国国际"互联网+"大学生创新创业大赛全国总决赛萌芽赛道创新潜力奖；袁若琪和李昊原获 Brain Bee 脑科学大赛全国一等奖，袁若琪全国第一；获 VEX 机器人全国总决赛一等奖和高中组唯一突出贡献奖。2021 年，获"环保马拉松 Envirothon"高中理工科竞赛全国第一。

2. 教师的教学能力显著提升

在《人民教育》《课程·教材·教法》《中国教育学刊》等发表教研论文数百篇，在科学出版社、清华大学出版社等出版教研论著百余部，获首届全国教材建设奖、广东省教育教学成果奖等国家级、省级教学成果奖数十项。

3. 学校的办学水平大幅提高

我校获评国家新课改样板校、首届全国文明校园、深圳市市长质量奖特别贡献奖、广东省中小学教师校本研修示范校，入选教育部基础教育课程改革典型案例库、首批清华大学基础学科拔尖创新人才大学中学衔接培养基地、北京大学数学后备人才培养基地与首批博雅人才共育基地等。无产阶级革命家习仲勋为我校题词"教育结硕果，桃李满天下"；时任省长马兴瑞称赞我校是"深圳教育的窗口和文化名片"；薛其坤、施一公、丘成桐、诺贝尔奖得主阿龙·切哈诺沃等科学家高度肯定了本成果。

海内外著名科学家的祝福视频

2022年教育部"教育这十年"专题报道学校拔尖创新人才培养经验。《人民日报》、《中国教育报》、人民网、新华网等报道数百次；《人民教育》《中小学管理》《创新人才教育》等专题刊文20余篇；在清华大学出版社、科学出版社等出版教研论著百余部。在全国高中教育发展论坛专题报告本成果多次。成果在全国产生了极大的影响力。

（二）反思

学校经过多年探索，积累了丰富的经验，认为在课程改革进程中必须高度重视如下问题：

（1）顶层设计是关键。顶层设计不是"摸着石头过河"，而是自上而下的"系统谋划"，是学校发展的起点和根本。每个学校都有自己的一套教育哲学，学校的办学定位从"建设学术性高中，培养创新型人才"过渡到如今的"建设中国特色世界一流高中"，体现了对追求一流教育水平的信心和决心。

（2）扎实落实是根本。课程改革和建设不仅要有"顶层设计"，更要有"底层冲动"。只有自下而上凝成一股力，心往一处想，力往一处使，狠抓落实，才能博观而约取，厚积而薄发。

（3）制度建设是保障。课程改革和建设是一个系统工程，只有各个环节都有章可循，才能保障课改的顺利开展和推进。在第二次和第三次课程改革与建设进程中，学校均制定了发展规划以及相应的各项保障制度等。

课改进行时，发展无止境。学校将一如既往地坚守与深圳相符的"敢为人先"的精神气质、与世界相通的包容开放心态，不断发展和完善适合不同学生发展的课程体系，尊重个性、主动发展、追求卓越，让每一个孩子都可以在这里做出自己的选择，构想未来的形状，追逐自己的梦想，并逐渐成长为最好的自己。

2022 年 11 月

作者：朱华伟，娄俊颖，王粤莎，高青，郭胜宏，刘晓慧
本成果获 2022 年国家级教学成果奖（基础教育）二等奖

附录 2

深圳中学开展超常儿童教育情况报告

深圳中学创办于 1947 年，1993 年经过市政府、市教育局批准组织创办"超常班"，从初中阶段开始实施超常儿童教育。1997 年韩嘉睿获得第 38 届国际数学奥林匹克金牌，此后学校不断完善超常儿童教育课程——2010 年王占宝任深中校长将"超常班"改名为"3＋2""3＋3"，面向全市六年级招 4 个班；2016 年赵立任深中校长改名为"竞赛班""实验班"，面向全市招 6 个班。2017 年朱华伟校长提出"建设中国特色世界一流高中"，致力于培养具有中华底蕴与国际视野的拔尖创新人才。同年，设立深中-华为特殊人才奖。2020 年，开办华为-深中数理实验班（省班/市班）。2021 年，初一开办丘成桐少年班。2023 年 9 月，高一拟开办数理英才班。

在多年超常教育的探索实践中，尤其是近七年围绕"拔尖创新人才培养"，深中在办学理念、师资队伍、课程改革、校园文化、国内高考、学科竞赛、国际教育、科创教育、艺体教育、服务社会等方面做了大量探索和实践。现就超常儿童教育的办学实际，将情况报告如下。

一、选拔方式

初中少年班选拔方式为学习经历和潜质的考察、综合素养评估，主要考察智力水平、对数学及自然科学的潜质和兴趣、身心发展状态。

高中实验班选拔方式为全市统一的自主招生考试，机试+面试，主要考察数学、物理、化学等学科潜质以及综合素养。

二、招生规模

初中少年班每届 200 人，高中实验班每届 400 人。

三、学制设置

初中少年班学制三年，高中实验班学制三年。

四、课程模式

以学生发展核心素养为核心，基于学生在禀赋、志趣和学习需求方面的差异，校本课程为学生提供了菜单式、多层级、可选择性的课程。分为文化基础、自主发展、社会参与 3 大板块，包含人文底蕴、科学精神、学会学习、健康生活、责任担当、实践创新 6 个系列 28 类课程群，共计 360 余门，满足所有学生自主选择和个性发展的需求，促进学生创新素养的发展。

2022—2023 第二学期高中校本课程信息表（部分）

课程名称	任课教师	上课地点	上课时间
传播学理论初探	刘子瑜	A316	周四第 6 节
金庸小说与中国文化	吕雅婷	A501	周四第 7 节
喜剧鉴赏	张安琪	A304	周四第 6 节
中国现代诗选读	黄文涛	A501	周四第 6 节
"三言二拍"文本研讨	李静璐	B409	周四第 6 节
中国现代诗选读	林小溪	B409	周四第 7 节
从《论语》看孔子	梁蔚莹	B404	周四第 7 节

续表

课程名称	任课教师	上课地点	上课时间
西方美学与哲学导论	刘行行	B405	周四第6节
现当代重要作家	孟令欢	B404	周四第6节
《诗经》选读	陈曦	B405	周四第7节
电影欣赏	谭高翔	B417	周四第7节
东坡词选读	刘兰	B504	周四第7节
红楼十二钗	高云	B401	周四第7节
互联网研究专题	陶婷婷	B301	周四第7节
科幻漫游指南	董旭	B401	周四第6节
跨文化交际	裴晓锋	C402	周四第6节
形式逻辑	刘思	B301	周四第6节
中国当代女性文学	黄飞燕	B505	周四第6节
中国诗词曲史略	刘晓晨	B509	周四第6、7节
高二地理拓展提高	刘惠	D412	周四第7节
高中地理拓展提升	张琦楠	D405	周四第7节
跟随航拍游祖国	吴优	C301	周四第6、7节
海洋科学概览	黄冠	B305	周四第6、7节
玩转数字地图——地理信息系统入门	李雨珊	C313	周四第7、8节
神奇的新材料	罗天挚	A301	周四第6节
高一化学思维与拓展	全天飞	B321	周四第6节
光电功能材料与器件	陈晓洁	B309	周四第7节
新世纪能源概述	丑佳	C305	周四第6节
历史学科基础素养与思维方法	胡晓莉	A325	周四第7节
近现代国际关系史	于斯寒	B417	周四第6节

续表

课程名称	任课教师	上课地点	上课时间
煤矿里的金丝雀——环境史导论	郑伊楠	C302	周四第 7 节
中国近现代人物作品与人格魅力	刘晓慧	B521	周四第 7 节
诗与画的历史世界	靳万莹	C319	周四第 6 节
Python 语言入门与提高	余克非	C315	周四第 7 节
Robomaster 机器人与人工智能基础	姚爽婷	B209	周四第 7、8 节
电脑创艺	余克非	C315	周四第 8 节
工程数理基础	李 波	C309	周四第 7 节
理财与生活	张膺钛	B511	周四第 7 节
实用拍摄技巧	刘腾海	C313	周四第 6 节
视频制作	余克非	C315	周四第 6 节
无线电测向	芮嘉欣	B208	周四第 7 节
学生公司	张膺钛	B511	周四第 6 节
一起来小发明（乐高）	何柳婷	D615	周四第 7 节
Rhino 曲面建模	何柳婷	B208	周四第 6 节
博弈论	朱 峰	B323	周四第 7 节
建筑理论及设计	李 波	D617	周四第 6 节
科幻电影赏析	芮嘉欣	A317	周四第 6 节
零基础 C++程序设计	谭金旺	A311	周四第 6 节
生成艺术与创意科技制作	姚爽婷	B209	周四第 6 节
数学与计算思维基础	谭金旺	A311	周四第 7 节
现实世界的理性视角：数学模型的建立与分析	高 阳	D202	周四第 6、7 节
智能机器人	朱 峰	B306	周四第 6 节

续表

课程名称	任课教师	上课地点	上课时间
创意手切陶艺	张子珈	E601	周四第7节
电影中的蒙太奇艺术	陈冬燕	E601	周四第6节
精微素描笔记绘本	燕玺宇	E401	周四第6节
马赛克镶嵌画	王振宇	E403	周四第7节
木刻版画	力俊星	E501	周四第6节
品牌LOGO设计与欣赏	段 冉	E502	周四第7节
中国书法	吴健晖	E402	周四第6节
花艺技能与插花艺术	欧爱璇	B302	周四第7节
《奇妙的生命》纪录片赏析	李瑞琦	B504	周四第6节
病原微生物与人体健康	毛晓晓	C302	周四第6节
带你重走诺奖获得者的脚步	李佳雨	B505	周四第7节
给城市"降温":蒸散发	陈 挚	B316	周四第7节
脑科学进校园	尤 佳	C401	周四第6、7节
食品营养与健康	刘 璐	A305	周四第7节
中国古人吃什么?	林易凡	B418	周四第6节
走进新能源汽车	赵懿祺	E703	周四第8节
漫谈心理学	李 枫	C309	周四第6节
日常创新与专利写作	黄俊文	D617	周四第7节
高二数学拓展	周裕金	A425	周四第6节
高二数学拓展	郭胜宏	A406	周四第8节
强基计划数学课程	李佳琪	A305	周四第6节
数学培优讲座	张建强	M203	周四第6节
数学培优讲座	吴 边	M203	周四第7节
数学培优讲座	葛一伟	A505	周四第7节

续表

课程名称	任课教师	上课地点	上课时间
线性代数	邱才颥	C210	周四第6、7节
可再生能源与新能源	龚雪	B304	周四第6节
数学基础巩固	胡薇莹	C319	周四第7节
数学基础巩固	李云波	B304	周四第7节
数学基础巩固	陈嘉钰	B517	周四第6节
数学建模与实际应用	高翊博	C317	周四第6节
数学建模与实际应用	高翊博	C305	周四第7节
数学培优新思维	阮禾	M204	周四第6、7节
数学问题选讲	黄文祥、张鹏	B309	周四第6节
线性代数	吴俊威	B501	周四第6、7节
数学领军计划课程	张鹏、黄文祥、邱才颥	C316公共自习室	周四第6、7节
高二物理基础巩固	李正威	A519	周四第6、7节
高二物理强基拓展	龚冠铭	D320	周四第6、7节
高中物理专题拓展	李文昊	D401	周四第6、7节
天文学初探	胡剑	A325	周四第6节
物理学科思维与方法	袁月	D311	周四第6节
物理学科思维与方法	刘泽宁	D302	周四第6节
物理学科思维与方法	梁敬洧	D302	周四第7节
高一物理基础巩固	温斯琼	B317	周四第6节
高一物理基础巩固	王雅桐	B418	周四第7节
高一物理基础巩固	孙月香	B321	周四第7节
高一物理强基拓展	吴杰	C208	周四第6、7节
趣味物理实验	封盛泽	A511	周四第6节
太阳能光伏发电与生活	王鹏超	C516	周四第7节

续表

课程名称	任课教师	上课地点	上课时间
物理奥赛实验课	王鹏超	C516	周四第 6 节
走进核电站	中广核工程师	B518	周四第 7 节
影视与创意思维	吴逸民	B307	周四第 7 节
"多维度"音乐体验	叶芮希	E602	周四第 6 节
流行歌曲编创	唐小茜	E202	周四第 7 节
影视与创意思维	吴逸民	B307	周四第 6 节
民族舞剧欣赏	杨禄琳	B317	周四第 7 节
故事类文本阅读	邓子晴	A401	周四第 6 节
具体情境下的词汇习得	陈嘉敏	A303	周四第 7 节
英文创意写作与句法	赵文嘉	A405	周四第 6 节
英文外刊选读	宋京泽	A515	周四第 6 节
英语文学导读	骆一琳	A405	周四第 7 节
单词的奥秘	吴燕鹏	B421	周四第 7 节
单口喜剧入门	高晓瑜	C317	周四第 7 节
神秘职业初探：英语口译	赵茹晨	B421	周四第 6 节
外刊精读训练	冯 静	B323	周四第 6 节
英语口译基础	魏浩东	B517	周四第 7 节
语言的魔力	刘曦月	B318	周四第 7 节
中英《论语》	王心怡	B521	周四第 6 节
民事法律关系	王旭东	A425	周四第 7 节
政治学科素养提升	赵 旭	A301	周四第 7 节
经济与金融投资入门	廖 杰	B306	周四第 7 节
政治学概论	李安坤	B506	周四第 6 节

续表

课程名称	任课教师	上课地点	上课时间
国际贸易政治学	仲九真	B316	周四第 6 节
社会调查课	张扬文馨	C304 公共教室	周四第 6 节
数理逻辑初探	魏 来	A425	周四第 6 节

初中少年班和高中实验班开设的数学、物理选修课程如下：

数学课程

课程类别	课程名称	学分	开设时间	开设主体
数学提升拓展课程	数学拓展（初等数论）	2	初一学年	本校
	数学拓展（组合数学）	2	初一学年	本校
	数学竞赛（一）	2	初一学年	本校
	数学文化（迷人的代数：代数学的发展历程及重大成就）	2	初一学年	本校
	数学拓展（初等几何）	2	初二学年	本校
	数学文化（初等代数）	2	初二学年	本校
	数学竞赛（二）	2	初二学年	本校
	数学文化（迷人的几何：几何学的发展历程及重大成就）	2	初二学年	本校
	数学思维与方法（《怎样解题》波利亚）	2	初三学年	本校
	数学思维与方法（平面几何解题策略）	2	初三学年	本校
	数学竞赛（三）	2	初三学年	本校

续表

课程类别	课程名称	学分	开设时间	开设主体
数学提升拓展课程	古代中国数学史	2	高一第1学期	本校
	数学拓展（代数）	4	高一学年	本校
	数学拓展（几何）	4	高一学年	本校
	数学拓展（数论）	4	高一学年	本校
	数学拓展（组合）	4	高一学年	本校
	世界数学名题赏析	2	高一第2学期	本校
	世界数学史	2	高一第2学期	本校
数学大学先修课程	数学分析	4	高二第1学期	本校
	高等代数	4	高二第1学期	本校
	空间解析几何	4	高二第1学期	本校
	群论	4	高二第2学期	本校
	射影几何	4	高二第2学期	本校
数学线上自修课程	大学慕课"数学分析"（北京大学）	1	高二第1学期	本校
	大学慕课"高等代数"（北京大学）	2	高二第1学期	本校
	数学方法论	3	高一学年	深中-南方科技大学
	深中博士讲堂——数学前沿	1	每学期2次	本校

物理课程

课程类别	课程名称	学分	开设时间	开设主体
物理提升拓展课程	物理拓展（光学）	2	初二第 1 学期	本校
	物理拓展（力学）	2	初二第 2 学期	本校
	物理拓展（电磁学）	2	初三第 1 学期	本校
	基础物理实验 1	2	初二第 2 学期	本校
	物理思维综合训练	2	初三第 2 学期	本校
	物理学中的定量计算	2	初三第 1 学期	本校
	物理学史	2	初二第 2 学期	本校
	走进核电站	2	初二第 1 学期	本校
	基础物理实验 2	2	初三第 1 学期	本校
	"我是小小发明家"创意制作	2	初三第 2 学期	本校
	改变世界的物理学	2	高一第 1 学期	本校
	物理学科思维与方法	2	高一第 1 学期	本校
	天文学基础	2	高一第 1 学期	本校
	物理拓展（力学）	2	高一第 1 学期	本校
	物理拓展（电磁学）	2	高一第 2 学期	本校
	物理实验能力拓展	2	高一第 2 学期	本校
	物理学中的数学问题	2	高一第 2 学期	本校
物理大学先修课程	微积分简明教程	1	高一第 2 学期	本校
	大学物理 1（力学、热学、几何光学）	4	高二第 1 学期	本校
	大学物理 2（电磁学、波动光学、近代物理初步）	4	高二第 2 学期	本校

续表

课程类别	课程名称	学分	开设时间	开设主体
物理大学先修课程	物理实验探究（高中奥赛实验、普通物理实验）	4	高二第1学期	本校
	流体力学初探	2	高二第1学期	本校
	理论力学	2	高二第1学期	本校
	热力学与统计物理初步	2	高二第2学期	本校
	量子力学导论	2	高二第2学期	本校
	电动力学初步	2	高二第2学期	本校
	相对论	2	高二第2学期	本校
	数学物理方法	2	高二第2学期	本校
物理线上自修课程	大学慕课"热学"（北京大学）	1	高二第1学期	本校
	近代物理学（北京大学）	2	高二第1学期	本校
	大学慕课"电磁学"（北京大学）	1	高二第2学期	本校
	量子力学（哈工大）	2	高二第2学期	本校
物理高端学术活动	光伏发电课题研究	2	高一第1学期	深中-上海交通大学（光伏太阳能发电创新实验室）
	核物理前沿	1	高一第1学期	深中-中广核（清洁能源创新体验中心）
	扫描隧道显微镜使用与研究	2	高一第2学期	深中-清华大学（近代物理实验室）

续表

课程类别	课程名称	学分	开设时间	开设主体
物理高端学术活动	先进功能材料（声、光）研究	2	高一第2学期	深中-南京大学（先进材料创新实验室）
	天文学前沿探究	2	高二第1学期	深中-北京大学（天文创新体验中心）
	航空航天系列活动	2	高二第2学期	深中-哈工大（航天航空实验室）
	青年物理学家竞赛系列活动	2	高二第2学期	深中-光启（创新体验中心）
	深中博士讲堂——物理学前沿	1	每学期2次	本校

同时，启动"个别化教育计划"（Individualized Education Plan, IEP），即按照超常儿童的认知发展规律与身心发展特点，根据学生的身心特征和实际需求，拟定的针对每个有特殊需要及才能的学生实施的教育方案。它既是有特殊潜能学生教育和身心全面发展的一个总体规划，又是学校未来针对其特质开展教育教学工作的指南。荣获第62届国际数学奥林匹克金牌的彭也博同学，初一入读深中后，数学天赋突出，但是在情绪智力、人际互动能力等方面与同龄人相比有一定差距，对人文学科不感兴趣，只愿意钻研数学。为了给他提供适合其潜能发挥的教育体系，注重与其家庭紧密联系，为他跨部门制定"个别化教育计划"，根据其学业发

展潜力及个性特点，打通初、高中课程体系，最大限度地满足其在学业、生活、心理、人际等方面的综合发展需要。如果深中没有对超常儿童的识别、安置、培养、跟踪的特殊教育服务体系，要取得这样的成绩几乎是不可能的。

2023年9月，深中将在校内成立数理英才班，对标清华大学数学领军计划、北京大学物理卓越计划、清华大学物理攀登计划。新高一开学前，面向全体高一新生遴选一批对数学或物理学科怀有强烈兴趣，数理学习潜力突出的学生。在国家必修课程的基础上，第一学期开设微积分、普通物理学等大学先修课程；从第二学期开始，根据学生的兴趣方向，数学方向开设数学分析、高等代数、群论初步、微分方程等课程，物理方向开设物理竞赛、理论力学、热力学、统计物理、电动力学、量子力学等相关课程。

五、累计培养学生数量以及毕业学生后期发展与成就

自1993年创办超常班以来，经过30年的创新实践研究，深中在科学的因材施教、务实的素质教育等方面积累了丰富的育人经验，取得了丰硕的教育成果，为国家培养了一大批志向高远、素质全面、追求卓越的优秀高中生和大学生。以学生在国际竞赛和科创比赛方面发展为例：

迄今为止，深中已获得16枚国际数学、物理、化学奥林匹克金牌。2018年一年获3枚国际奥林匹克金牌，其中杨天骅同学更是获得国际物理奥林匹克个人总分世界第一。朱冠宇获第32届国际青年物理学家竞赛（IYPT）金牌。2020年，李昊原获全美生物与健康未来领袖挑战ATC-生物化学科目全球第一，全国首次。2021年，6人入选清华大学丘成桐新领军计划（全国录取69人），

全国第一；彭也博、冯晨旭同学获第 62 届国际数学奥林匹克（IMO）金牌。2022 年，在全国数理化生信五大学科竞赛中，101 人获全国一等奖，39 人入选省队，17 人获金牌，22 人获银牌，7 人进入国家集训队，39 人获清北破格强基。2023 年，1 人入选国际数学奥林匹克中国代表队，1 人入选国际化学奥林匹克中国代表队。

2017、2019、2020、2021、2022 年，获国际基因工程机器大赛（iGEM）高中组金奖。2019 年，获 VEX 亚洲机器人锦标赛中国区一等奖 2 项，VEX 亚洲机器人锦标赛金奖 1 项。2020 年，黄飞扬获丘成桐中学科学奖全球总冠军；获第六届中国国际"互联网+"大学生创新创业大赛全国总决赛萌芽赛道创新潜力奖；袁若琪和李昊原获 Brain Bee 脑科学大赛全国一等奖，袁若琪获全国第一；获 VEX 机器人全国总决赛一等奖和高中组唯一突出贡献奖。2021 年，获"环保马拉松 Envirothon"高中理工科竞赛全国第一。2022 年，获第八届中国国际"互联网+"大学生创新创业大赛全国总决赛萌芽赛道最高奖——创新潜力奖。2023 年，田一丁入选国际科学与工程大奖赛中国国家队；深中代表队获美国青年物理学家邀请赛（USIYPT）总分第三。以上学生几乎全部来自初中少年班和高中实验班。这些学生在后期发展中依然保持很强的竞争力。

党的十八大之后，习近平总书记第一站到深圳视察，公开报道的视察实体都是深中校友主持的单位：1968 届校友吴惠权主持的渔民村、1989 届校友马化腾主持的腾讯公司和 2002 届校友刘若鹏主持的光启高等理工研究院。2018 年国际物理奥林匹克金牌获得者杨天骅于 2020 年入读北大后，成绩排名年级第一，连续两年获评国家奖学金、北京大学三好学生标兵，曾获丘成桐大学生数学竞赛数学物理银奖、国际理论物理奥林匹克竞赛团体第二名、全国大学生物理实验竞赛（创新）全国二等奖。在本科生科研项目中独立完成解析计算、数值模拟等工作，以第一作者身份将研究成果发表至国际知名期刊 *Physical Review A*。长期担任学生英语辩论协会骨干成员，历任社长、理事长，参与国内外多项大型英语辩论赛事，在亚洲规格最高的两项赛事——亚洲联合辩论锦标赛以及亚洲英国议会制辩论锦标赛中接连斩获"英语非母语组"选手组冠军。

六、办学取得的经验及存在的问题

（一）办学经验

（1）构建"一体两翼"课程模式。以有价值、个性化、更高效为教育理念，以多元课程为"主体"，以社团活动和学术活动为"两翼"，培养拔尖创新人才。以国家课程和校本课程为二维，以校本必修、特色选修、公共选修、校外选修为四组，搭建"二维四组"菜单式课程，开设 360 余门校本选修课。

（2）确立"按需选学，按需施教"课程实施方式。形成以自主学习、情境体验、问题探究、实践活动为中心的教学范式，建立免修、免听、先修的个性化考核评价标准和程序，将经历、能力纳入学分管理的评价体系。

（3）建立师资、平台、制度"三护航"保障体系。引育并举建设一流教师队伍；与大学、科研院所、企业共建 20 余个创新实验室和体验中心，开设博雅班、华为数理实验班、丘成桐少年班、博士讲堂；制定 60 余项制度文件。

（二）存在的问题

深中超常教育目前存在的问题主要包括以下两个方面：

一是初中少年班在识别、遴选入口方面，缺乏明确的招生合规的政策支持；二是无法打通中考壁垒，实现初中少年班和高中实验班的贯通式培养。

七、政策建议

（一）在识别、遴选入口给予明确政策支持

我国从1978年开始发展超常儿童研究和教育，在40多年中虽然取得了一些成果，且在国际上具有一定的影响力，但也存在方方面面的挑战，尤其是缺乏政策保障和学术研究支持。在我国的教育法规和各种教育条例中，对超常教育并没有明确的法律法规，而且相关专业研究人员十分缺乏，人群中客观存在的3%左右的超常儿童，绝大部分没有得到应有的科学关注和针对性培养，这造成了我国优秀人才资源极大的浪费。

因此，政策层面希望能出台相关政策和法律法规来保障超常儿童获得适合他们特点的教育，同时在各级教育部门设立超常教育研究中心，促使超常教育根据国家战略性规划、教育发展规划得到相应的长远发展指导。在具体工作层面，可以给学校（初期可以是创新试点学校）更多自主创新和个性化研究的发展空间，确保在学生甄别选拔、课程设置、师资培养和创新课题研究等方面得到应有的支持和保障，尤其是小升初阶段，急切需要中央和地方政府的统一部署和政策保障，并赋予基础教育学校充分的自主权。同时，由上级教育行政部门或邀请大学、科研机构参与、指导、监督、总结、评价，进而实现在教育理念、课程设置、教学方式和师资培训等方面有更多规律性、科学性的内容生成。

(二) 打破中考壁垒，实现初、高中贯通培养

拔尖创新人才早培养一定比晚培养好，各学段的系统培养一定比"各自为政"好。系统的培养是一个长期性、复杂性的问题，一定要在体制机制方面统一谋划、协同进行。

因此，超常儿童的选拔与培养一定要突破常规，充分为其开辟"绿色通道"，尤其是打破中考壁垒，这对于拔尖创新人才的可持续健康发展至关重要，应构建小学、初中、高中、大学/科研院所培养共同体，共同体基于共同愿景协定培养方案、共享学术资源。

(三) 推动中国超常教育由点及面蓬勃发展

国内外众多超常教育研究的实践证明，客观存在的超常儿童在适合其特点的培养方式下成长为创新领军人才的比例明显高于普通儿童。超常教育应该是国家人才培养战略的重要组成部分，也应该是基础教育中高水平实现教育公平和优质发展的一个重要支撑点。

因此，在实践层面，需要有一批踏踏实实、认认真真做超常教育的学校。从学生成长规律看，确实有一批天资聪颖的孩子，应早发现、早培养；从客观上看，学校办学水平有差异、各有特色——我们需要鼓励一部分有条件的学校完善实验方案、建立项目标准，坚持课程建设、创新培养体系，坚持因材施教、完善教法体系，先行示范，推广经验，引领发展。如果超常教育能在政策、科研和实践层面有更多的保障，必将在创新人才培养方面、在教育的整体改革和教育事业的优质发展方面作出更大贡献，也必将在国家和民族未来发展中发挥更重要的作用。

八、进一步改革思路

（一）构建具有深中特色的课程体系，在课程设置和课程管理上取得突破

扩大课程选择空间：打通选择性必修和选修课程、高难度课程充抵低难度课程学分、引入社会资源开设校本课程，为学生提供更多的选课空间。拓展学分获得途径：除常规学习获得学分外，学生可根据实际学术水平，通过先修、免听等途径获得学分。自主选择课程修习方式：不局限于传统的课堂学习方式，学生可自主选择高端学术活动、社会学习、网络学习、国际学习等修习方式深度学习，此类学习经历均可由学校认定并转化为学分。鼓励学生自主发起课程：在校学生可根据实际情况，通过参与课程设置、参与课程计划、自主开设课程三种方式来实现课程的发起。

（二）完善选课走班教学管理机制，在资源配置和教学方式上取得突破

实施全员全程生涯规划指导：科学精准实施生涯规划指导，实施对象为全体学生，指导覆盖高中三年；构建师生发展共同体，增强学生未来发展规划的科学性和指导性。尊重并满足学生个体选择：立足于促进学生充分自由发展，尊重学生的学科选择与课程选择；以菜单式的学科选择和多层级的课程配置满足所有学生自主选择和个性化发展的需求。科学高效教学实施与评价：优化资源配置，提升学习效能；以学科方向分类，以学业水平分层；采用教学班和行政班相结合的教学组织模式，根据学生的个体差异实行分层教学；在体育、艺术学科采用分项教学。采取原始分、等级分，学分、积点相结合及过程性评价+终结性评价相结合的学业学习评价方式。

（三）丰富按需选学的课程类别，在优质精品校本课程建设特色和质量上取得双突破

进一步打造深中竞赛课程优势品牌，探索资优生最佳培养模式：加强竞赛教练队伍建设，在原有的数理化奥赛课程的基础上，进一步提升生物学、信息学和天文学奥赛课程建设水平；通过建立资优生综合能力数据库，改进现有评价（考核）方案，建立资优生的甄别方案，使资优生的甄别工作更加精准。在校园硬件方面，需要为资优生的身心健康创设更优越的条件；在软件方面，需要提升教学服务的质量和水平。

加强高端学术活动课程建设，开发建设创新课程体系，构建创新教育特色路径：为了满足学生的高端学习需求，学校向社会公开招募客座教师，融合优质教育资源。鼓励各创新实验室、创新体验中心与合作的高校、企业和科研院所共同研究、开发校本课程；以国务院颁布的《中国制造2025》为指引，围绕"五大工程""十个领域"继续共建新的创新体验中心，与国内外著名高校或研究院所共建创新实验室。

（四）提高信息技术应用水平，完善创新活动支撑体系，在教学方式和实施能力上取得突破

打造智慧学习互动平台：数据驱动的精准教学离不开网络学习平台的支持，拟引入有实力的教育大数据企业与教育信息化工程技术研发机构，重点围绕教学数据的自然采集、多源数据的无缝集成、学习行为数据的深度挖掘与预警分析、知识地图的构建和学科能力的智能诊断等方面，研发新一代智慧学习平台。

探索数据驱动教学模式：探索数据驱动教学新模式，成立数据驱动教学示范项目组和课题组；定期组织共同体学校数据驱动教学年会活动，借鉴知识建构领域学习共同体的做法，由深中共同体学校轮流牵头，定期组织校级数据驱动教学年会，搭建教学案例展示、技术产品应用、示范经验分享以及发展趋势探讨的交流平台，动态汇聚各方数据驱动教学的集体智慧。

2023 年 6 月 4 日

附录 3

多元融合的高中科学教育探索与实践成果报告

加强科学教育、提高学生科学素养是培养国家高水平科技创新人才的需要。在科技飞速发展的背景下，如何培养具有竞争力和全球视野的科技人才，是当前高中科学教育实践面临的重要挑战。

一、问题的提出

四十年来，深中开展了多元多维多层次的科学教育实践，主要针对以下五个突出问题：

（一）课程设置薄弱，无法满足科学教育系统性、个性化和前沿性需求

科学课程缺乏系统性，不能有效促进学生科学思维、探究能力和创新素养的提高；科学课程设置不够丰富，无法满足学生个性化发展需求，落后于科技革命和产业革新。

（二）教学模式重理论轻实践，缺乏学科融合的综合性项目式科学教育

首先，教学模式偏重理论学习，科学实践边缘化、浅表化，学生缺乏将理论转化为实践的机会，科学研究活动难以有机融入日常教学中。其次，缺少综合性项目式的科学教育，缺乏跨学科的教学理念，难以激发学生自主探究的内在驱动力。

（三）教学评价过于强调分数和结果，学生综合性和过程性评价不健全

唯分数的评价体系对学生学习能力的评价是片面的，对学生科学知识、科学能力、科学态度与责任的综合评价不够健全。评价方式过于注重结果，忽视了知识构建和实践探究的过程，与实事求是、追求真理、客观开放的科学精神相背离。

（四）高质量发展型师资缺失，缺乏教师进一步成长提升的机制与平台

高水平师资匮乏，教师科学思维和跨学科意识不足，知识更新滞后，难以适应日新月异的科技创新教学需求。当前继续教育培训大都集中在教学技能培训，缺乏教师学科专业方向继续学习、研究的机会，缺少教师跨学科教学及科研能力提升的机制与平台。

（五）"大中衔接、校企协同"育人机制缺失，难以满足学生发展需求

中学与大学衔接、与企业协同的育人机制不完善，没有形成系统性、可复制的科学教育资源整合机制，科技创新课程和教育实践活动局限于校园内的资源平台，无法满足学生创新、多元的探索实践需求。

四十年来，深中立足"多元融合"核心理念，探索丰富多样的科学教育课程、系统创新的科学教学模式、综合全面的科学教学评价、高水平发展型的师资队伍建设和协同多元的资源整合机制，为培养学生的创新精神、科学思维和实践能力开展了长期而系统的实践探究，取得了丰硕成果。

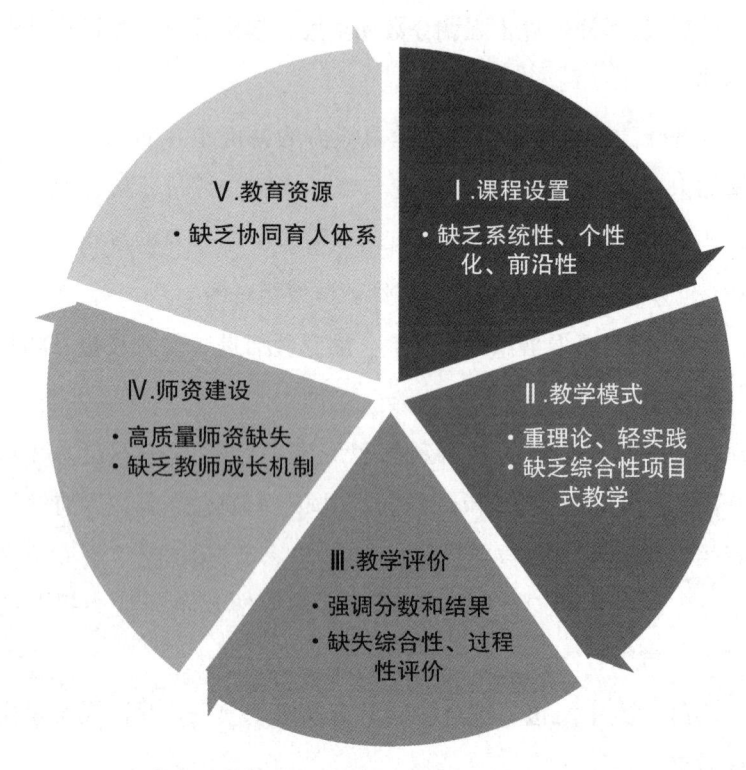

```
                    Ⅰ.课程设置
    Ⅴ.教育资源       ·缺乏系统性、个性
    ·缺乏协同育人体系    化、前沿性


                          Ⅱ.教学模式
    Ⅳ.师资建设            ·重理论、轻实践
    ·高质量师资缺失        ·缺乏综合性项目
    ·缺乏教师成长机制       式教学

              Ⅲ.教学评价
              ·强调分数和结果
              ·缺失综合性、过程
               性评价
```

高中科学教育实践过程中亟待解决的主要问题

二、解决问题的过程与方法

1983—1992年，探索实践期：1983年成为深圳市唯一的省重点中学，深中科学教育得到重视和发展；此后十年间围绕"科学课程设置薄弱""教学模式重理论轻实践"的问题寻求解决方案，开展综合性科学教育探索实践。深中逐步建成新实验室、新地理园、新植物园等，创建省内外领先的电脑教室、劳技教室、地理园、天文观测室等，科学教育硬件条件和空间布局获得空前提升，为学生提供多元的动手实践平台。通过落实"高质量，有特色"

"课内打基础，课外出人才""因材施教、培优促特"等办学理念，在加强课堂教学的同时，开展丰富多彩、融合性强的第二课堂活动，尤其是辅导和组织学生广泛参与学科竞赛、科技竞赛、科学社团等活动，马化腾、陈一丹、许晨烨等即是这一时期学校科技活动与社会实践活动的积极分子（他们后来作为中国改革开放四十年的代表性人物，为国家和深圳作出了杰出贡献）。

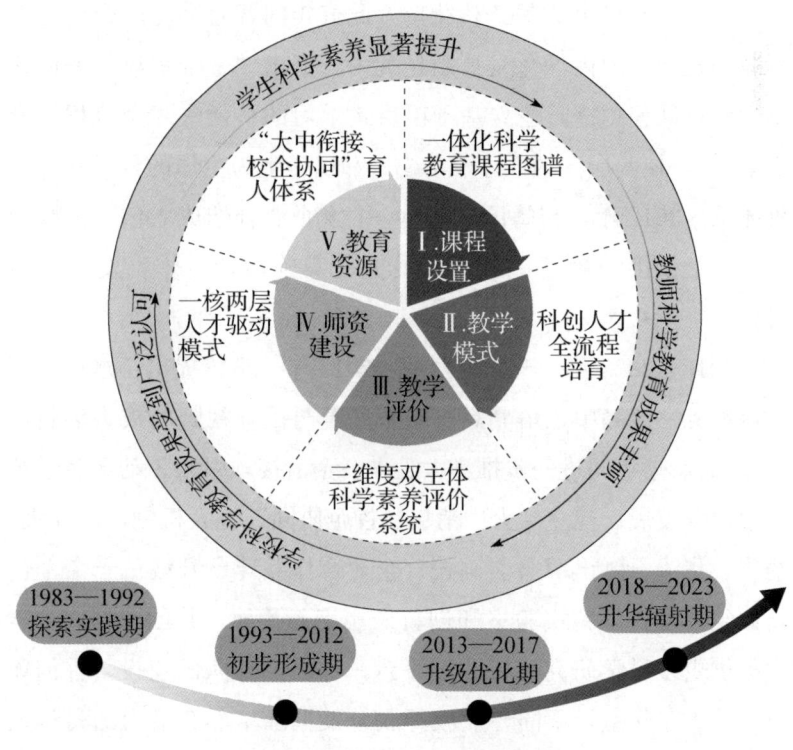

解决问题的过程与方法流程图

1993—2012年，初步形成期：1992年邓小平同志发表南方谈话，宣告改革进入新的阶段。学校接受科技创新文化的滋养，此后二十年间围绕教学评价改革、资源整合优化等五大问题的解决，初步形成以"多元"和"融合"为核心理念的科学教育实践框架。

2003年，以"主动发展，追求卓越"为行动纲领，在全国高中率先实施课程改革——创设学科主题课大班化、常规课小班化、选课走班，数学、物理、化学等学科课程基于模块对开等方式，变革课程组织形式，为学生提供多元发展课程。2011年成立创新活动中心，融合校外优质教育资源，作为学校开展创新教育、校企共同培养创新型人才的基地。

2013—2017年，升级优化期：此五年间开启多元融合科学教育向外延伸、向内深化发展新纪元——推出"二维三组"一体化科学教育课程图谱，建立基于项目式学习的科创人才全流程培育方案、"一核两层"的人才驱动模式和以学生为主体的科学素养评价体系。2012年，与腾讯、华为等七家企业合作成立创新体验中心，让学生接触最新课题，开展探究实验活动，体验发明创新过程。

2018—2023年，升华辐射期：2017年，学校提出"建设中国特色世界一流高中，培养具有中华底蕴与国际视野的拔尖创新人才"，此后七年间进一步推进大、中、企衔接，引领带动更多学校科学教育发展。建立"大中衔接、校企协同"育人机制，与北大、清华、华为、腾讯等著名高校、企业合作共建、升级三十余个创新体验中心、创新实验室和创新人才培养基地，共创课程，为学生提供更多科学研究和实践的平台。加强师资队伍建设，首创项目制博士工作室，不同专业教师联合发掘和培养有潜力的科学人才。2023年创新活动中心更名为科创教育中心，统筹创新体验中心和创新实验室的管理，获评广东省中小学"优秀创客教育空间"。建成工程技术创新体验空间，通过物理空间上的集聚提高了"科研密度"和"创新浓度"。学校入选世界顶尖科学家协会（WLA）世界顶尖中学联盟，向新疆、贵州远程同步科学课程，帮扶薄弱地区科学教育发展；在核心期刊发表论文 40 余篇，出版校本教材 30 余部；开办集团校近十所，辐射学校科学教育创新模式。

三、成果的主要内容

（一）建立一体化科学教育课程图谱

学校以国家课程和校本课程为"二维"，以选修课程、讲座课程和社团课程为"三组"构建了一体化科学教育课程图谱。科学课程以有价值、个性化、实践化为教育理念，以前沿性、系统性、综合性、实践性和人文性"五性"为课程实施特点。

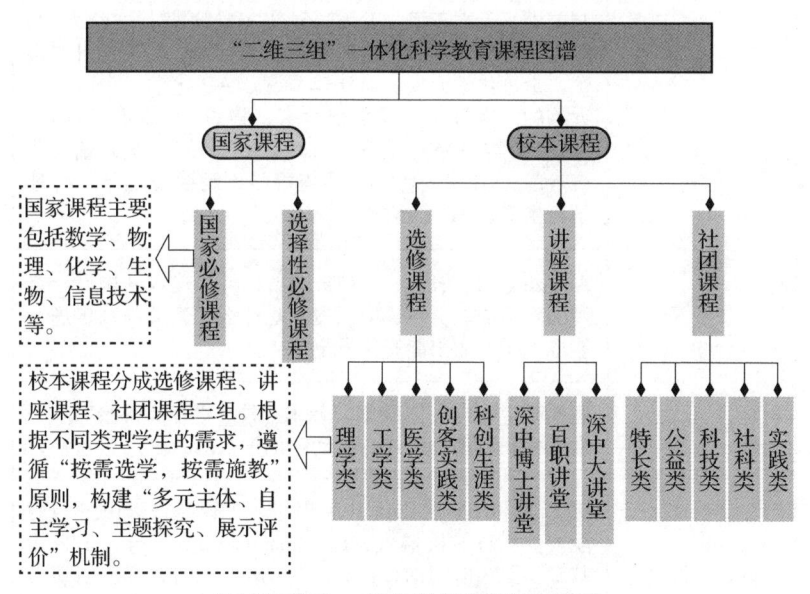

"二维三组"一体化科学教育课程图谱

- 国家课程主要包括数学、物理、化学、生物、信息技术等。
- 国家课程：国家必修课程、选择性必修课程
- 校本课程：
  - 选修课程：理学类、工学类、医学类、创客实践类、科创生涯类
  - 讲座课程：深中博士讲堂、百职讲堂、深中大讲堂
  - 社团课程：特长类、公益类、科技类、社科类、实践类
- 校本课程分成选修课程、讲座课程、社团课程三组。根据不同类型学生的需求，遵循"按需选学，按需施教"原则，构建"多元主体、自主学习、主题探究、展示评价"机制。

"二维三组"一体化科学教育课程图谱

1. 开发数量多、特色强、质量高的选修课程

针对全体学生的不同特质、不同兴趣和不同特长，学校每年开设 200 余门特点鲜明、内容丰富的科学教育类选修课程。课程分理学类、工学类、医学类、创客实践类和科创生涯类五个大类，

每个类型不仅有针对高考方向的课程,也有针对出国方向的课程。选修课程主要由校内教师或校外教师开设,个别有资质、有能力的学生亦可自主开设相关课程。近年来,选修课程的质量不断提高,出版《数学建模下的项目学习》《像生物学家一样思考》等教材30余部,多次获评省级以上精品校本课和国家、省、市教学成果奖。

科学教育类校本选修课程示例(部分)

课程类型	部分课程示例
理学类	数学建模、GeoGebra 与数学实验、现代密码学基础、桌游——桌面的博弈、AP 微积分、AS 数学、AP 统计学、大学线性代数、应用数理统计(＊)、天文学基础与前沿、天文竞赛、IYPT 创新实验研究、进阶力学、相对论与量子物理、AP 物理、AS 物理、门捷列夫很忙:走进化学元素、魔法学导论、AP 化学、AS 化学、大脑的太空漫步、像生物学家一样思考、iGEM 竞赛、AP 生物学、AS 生物学、玩转数字地图——地理信息系统入门、AP 地理、AP 环境科学、漫谈心理学、心理学与生活、AP 心理学
工学类	Amazing Materials——神奇的新材料、建筑结构设计奇妙的声学功能材料、中国古人吃什么、营养学、走进新能源汽车、太阳能光伏发电与生活
医学类	病原微生物与人体健康、芳香疗法、"有病得治"——常见疾病与药物治疗、运动解剖学入门(＊)
创客实践类	深中-腾讯 AI+、Python 编程与人工智能、Python 与智能硬件、智能机器人、Robomaster 机器人与人工智能基础、无线电测向、Innovative Maker 创客赛、创新设计思维、创意科技项目制作、综合性科研课程、学术研究准备课程、日常创新与专利写作、学术十项全能
科创生涯类	科创生涯起航、从生涯故事到生涯路径探索、专业技能大挑战、时代浪潮下的职业变化

注:加(＊)标注的课程为学生自主开设的选修课;AP、AS 为国际部课程。

2. 首创三位一体的多元协同讲座课程

学校首创"深中大讲堂""百职讲堂""深中博士讲堂"三位一体的多元协同讲座课程体系。

深中博士讲堂：涵盖数学、物理、化学、生物、天文、地质、地理、大气、海洋、应用力学、电子信息、材料、环境、机械、仪表、能源、电气、土建、医学等理论、科研或应用专业分享。

百职讲堂：涵盖智能制造、法律、金融、IT、医疗、数据科学、半导体、新能源、人工智能、芯片等众多领域的职业分享。

深中大讲堂：海内外著名学者主讲，讲座主题涵盖数学、科学、工程、能源等领域。

三位一体的多元协同讲座课程

为实现学生零距离接触顶尖数学家、科学家、企业家，学校积极邀请海内外著名学者莅临"深中大讲堂"讲学，讲座主题涵盖数学、科学、工程、能源等多个领域。顶尖学者或企业家走进高中，有助于给学生树立榜样，激发学生学习热情、提升学术素养、培养科研兴趣。

深中大讲堂课程示例（部分）

主讲人	讲座名称
丘成桐院士	数学中的真与美
朱邦芬院士	和中学生朋友谈谈世界一流科研人才的成长之道
薛其坤院士	做坚强奋进的追梦人
施一公院士	结构之美
陈杰院士	未来智能世界的畅想
田刚院士	数学有趣
徐扬生院士	机器人与人工智能：对人类社会的影响
周玉院士	材料与人类文明
倪明选教授	在人工智能时代，遇见未来
娄永琪教授	设计如何驱动创新？
王希勤教授	突破利基，融通中外——给未来大学生的一点建议
王传福	比亚迪的梦想与责任
罗杰·科恩伯格（诺贝尔奖得主）	科学向未来：2022年WLA顶尖科学家校园行
阿龙·切哈诺沃（诺贝尔奖得主）	我的科学生涯

为实现家校协同育人，学校推出由家长主讲的百职讲堂课程，超百位科创界翘楚给在校学生现身说法。他们精心设计课件、仔细打磨观点、充分阐述要义，带来涵盖智能制造、医疗、数据科学、半导体、新能源等众多领域的职业分享，让同学们看到未来发展的可能性。这类由科创界家长带来的课程极大地丰富了学校科学课程的广度，搭建起连接学生自我认知与职业认知的桥梁，有助于提升学生的学习动机与科创热情。

百职讲堂课程示例（部分）

主讲人	领域	讲座名称
苏语薇妈妈	医学	有医说医：选择行医，你准备好了吗？
张亦弛爸爸	计算机	码农成长之路
杨晨玉爸爸	人工智能	智能驾驶引领智能汽车产业变革
袁欣爸爸	机器人	中国机器人现状和发展
钟舒悦爸爸	金融	持续打造"爆款"的魔法师——产品上市操盘手
杨与诺爸爸	工业设计	颜值即正义——工业设计的感悟
袁睦钧爸爸	数字技术	元宇宙为什么能火？——揭秘元宇宙中的新职业机会
周敬凯爸爸	芯片	如何突破芯片"卡脖子"？
彭思齐爸爸	企业文化	隐形的宝藏——华为品牌的故事
姚宣丞爸爸	高端装备	高端智造需要更多的新工程师
孙昊喆爸爸	新能源	新能源汽车与动力电池发展
王邯妈妈	建筑工程	建筑师的龙头梦

依托校内教师，开设科学类博士讲堂，主题涵盖天文、地质、大气、海洋、材料、环境、机械、仪表、能源、电气、土建、医学等专业。深中博士讲堂借助"互联网+教育"等新技术新手段，实现线上聚合、优质资源共享，对社会各界开放，充分发挥学校讲座课程的示范引领作用。

深中博士讲堂课程示例（部分）

主讲人	讲座名称	主讲人简介
谭金旺	从坎巴拉到特斯拉计算物理学的广泛应用	美国波士顿大学博士（后）

续表

主讲人	讲座名称	主讲人简介
高阳	捕捉疾病萌芽期的医学之眼——医学影像和图像处理检测肿瘤的技术与应用	清华大学博士
林健	癌症与免疫	中国科技大学博士
李丽华	光催化：重新定义世界和改变我们的生活	中山大学博士
张佩佶	稀土点亮生活	北京大学博士
吴航	非常规油气之页岩气	中国石油大学博士（后）
刘婧婷	新冠疫情中的"信息瘟疫"	清华大学博士
裴涧雯	激光技术原理及应用	北京大学博士

3. 建立科学教育社团图谱

学校积极构建"学生自主+学校引领"的社团课程模式，激发学生的自主创新意识，提升创新能力。目前，学校注册科学类社团近 50 个，包含公益、科技、社科、实践、特长五大类，开发了 200 余门社团课程。科学教育类社团之多，社团课程门类之广，足以让学生"仰观宇宙之大，俯察品类之盛"。

以 REI 机器人社为例，社团开设 C++、Arduino、3D 打印、人工智能等方面的课程，并定期邀请腾讯、谷歌的科研工作者开展讲座。社团在网络上传了完整的 C++ 基本语法课程。2023 年 8 月，以校机器人社团成员为主组建的 VEX 机器人战队在 VEX 中国选拔赛中团结协作，获得了最佳设计奖，两支战队获得一等奖并晋级 VEX 亚洲机器人锦标赛。

附 录

特长类
- ACES Studio
- Y-Cube电影工作室
- 魔方社
- 推理社
- fun数理社

公益类
- Dryer Academy
- 社区联络服务协会
- 环保协会
- Dr.Ccus 环境科学社
- 红十字会
- 支教社

社科类
- 深圳中学气象社
- DSG星空保护协会
- 深圳中学动物保护社
- 法域之心社
- 人类幸福事物研究所
- 心理研习社

实践类
- sgs创意商店
- 新能源低碳研究社
- EBS经济商业社
- FIC金融投资社
- TH学生公司
- 深圳中学钥匙木团队
- 深圳中学咖啡屋

科技类
- REI机器人社
- INS神经科学研究社
- 人工智能社
- 电气工程社
- Discovery物理研习社
- 深圳中学天文社
- 数学建模社
- 化学工程研究所
- IYPT社

中心：深圳中学科学教育社团图谱

特长、公益、实践类部分社团课程名单
气候变化
降水机制
Cycle and Ecosystem
Cellular Respiration
Linear Momentum and Impulse
C introduction and depth-first-search
Welfare Economy
A Tour of the Cell Nobel Prize Explained
4 kinds of crystals and melting point
Object and class in Java
GTO理论及其笔试测试
支教故事
配方及注意事项
CFOP中的PLL公式

社科、科技类部分社团课程名单
动量和能量的综合应用
圆周运动与转动力学
非惯性系
微积分初步
PT类比赛介绍、准备与实践
天文竞赛
星际测距、星等与亮度
星图、星座和四季星空
月球基本信息与探月计划
博弈论与概率学
脑的发育与神经系统的结构
动作电位
C语言基本语法课程
3D打印

科学教育社团图谱

（二）建立基于项目式学习的全流程培育方案

高中生科技创新人才培育，是一个从教师引领的"科创"逐渐走向学生主导的"科研"的过程，既要强调科学精神、科学思维的培养，又要强调对实际问题的探索和动手实践能力；既要考虑全体学生的科技创新素养提升，又要助力有更高发展需求的学生拓宽视野、精研探索；既要符合当前我国高中生发展培育的现状，又要面向未来为国家培育优质人才。因此，学校构建基于项目式学习的高中生科创人才全流程培育方案。

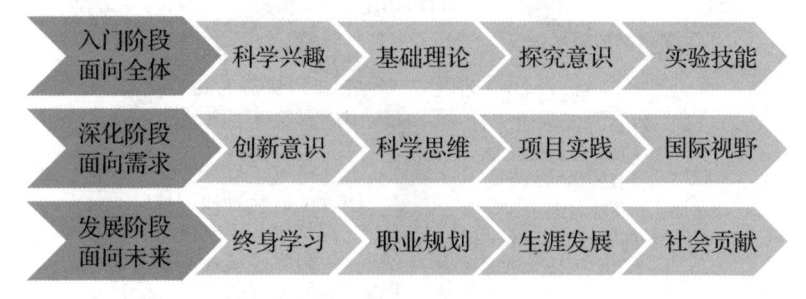

入门阶段 面向全体	科学兴趣	基础理论	探究意识	实验技能
深化阶段 面向需求	创新意识	科学思维	项目实践	国际视野
发展阶段 面向未来	终身学习	职业规划	生涯发展	社会贡献

基于项目式学习的全流程培育方案

入门阶段的培育面向全体学生，主要依托国家课程、选修课程、社团课程。学校突破以知识为导向的传统课堂模式，积极探索基于项目式学习的教学模式，如实践导向的研究性学习，分层分组科学探究导向的基于 STEM 理念教学模式，工具应用导向的基于科技文献的学习、融合 AI 等信息技术的教学、模拟和虚拟实验教学模式，教学评价改革导向的基于"YPT"等全新评价的教学模式，学科核心素养导向的基于"四基、四能"培养的教学模式。在探索过程中，学校科学课堂的教学水平不断提高，教学模式的创新有效提升了学生的学习兴趣、巩固了科学知识、发展了探究意识。

序号	学科	学术活动（中文名）	学术活动（英文名）
1	数学	美国数学竞赛 10 年级	AMC10
2		美国数学竞赛 12 年级	AMC12
3		美国数学邀请赛	AIME
4		普林斯顿大学数学竞赛	PUMaC
5		哈佛-麻省数学锦标赛	HMMT
6		美国中学生数学建模竞赛	HiMCM
7		美国区域数学联赛	ARML
8		美国区域数学联赛-晋级挑战赛	ARML Power Contest
9		滑铁卢数学竞赛	Waterloo Math Competition
10	天文	英国天文学和天体物理奥林匹克竞赛	BAAO
11	物理	普林斯顿大学物理竞赛	PUPC
12		国际青年物理学家竞赛	IYPT
13		美国青年物理学家邀请赛	USIYPT
14		中国高中生物理创新竞赛	CYPT
15		英国奥林匹克物理竞赛	BPhO
16		英国物理奥林匹克终极挑战	BPhO Round 2
17		"物理杯"美国高中物理竞赛	Physics Bowl
18		英国物理思维挑战	IPC/SPC
19		加拿大滑铁卢牛顿物理思维挑战赛	SIN
20		澳大利亚物理奥林匹克竞赛	ASOP
21	化学	英国皇家化学学会化学新星挑战赛	RSC3
22		美国化学奥林匹克竞赛	USNCO
23		英国化学奥林匹克竞赛	UKChO
24		IUCr 晶体培养大赛	IUCr Crystal Growing Competition
25		滑铁卢国际化学竞赛	/
26		TRU 化学竞赛	TRU Chemistry Contest
27		加拿大化学奥林匹克竞赛	CCO
28		加拿大化学思维挑战赛	CCC

续表

序号	学科	学术活动（中文名）	学术活动（英文名）
29	化学	澳大利亚化学奥林匹克竞赛	ASOC
30		"环保马拉松 Envirothon"高中理工科竞赛	/
31	生物	国际基因工程机器大赛	iGEM
32		美国生物奥林匹克竞赛	BIO USACN
33		英国生物奥林匹克竞赛	BBO
34		澳大利亚生物奥林匹克竞赛	ASOB
35		全美生物与健康未来领袖挑战	HOSA
36	科学	丘成桐中学生科学奖	/
37		学术马拉松	Academic Marathon
38	经济	北美商科竞赛	FBLA
39		国际经济学奥林匹克竞赛	IEO
40		全美经济学挑战赛	NEC
41	通用技术	FRC 机器人竞赛	FRC
42		FTC 科技挑战赛	FTC
43		VEX 机器人大赛	VEX
44		全国青少年科技创新大赛	CASTIC
45	语言	国际语言学奥林匹克竞赛	IOL
46		全国中学生学术辩论联赛	/
47		全美演讲与辩论联赛	NSDA
48	综合	中国大智汇创新研究挑战赛	CTB
49		美国学术十项全能-中国	USAD-CHINA

深化阶段需要面向学生需求，强化创新意识和科学思维，关注实际问题解决和项目实践，提升研究能力和国际视野。学校依托创客实践类课程和实践类社团课程，鼓励学生面对实际问题，通过小组合作，挑战探究性任务并尝试提出创新解决方案。学校积极引导学生参与科研项目，为学生提供接触专业科技人员与真实科研环境的机会，鼓励学生参与各级各类学术活动和竞赛。

（三）建立以学生为主体的科学素养评价体系

经过多年实践探索，学校逐渐形成了以学生为主体的"三维度"科学素养评价体系。"三维度"不仅代表科学知识、科学能力、科学态度与责任三个评价目标，也代表过程性评价、终结性评价、科学素养测评三种评价形式。这三种评价形式在实现三个评价目标过程中各有侧重，全面覆盖了对学生科学素养的考察范围。

学校的评价体系同时发挥教师与学生的作用，从不同视角进行评价。该评价体系有效地将过程性评价与终结性评价、定量评价与定性评价、教师评价与自我评价有机结合，做到全面、客观、准确反映学生真实水平，为促进学生学习和改进教学策略提供了可靠依据。

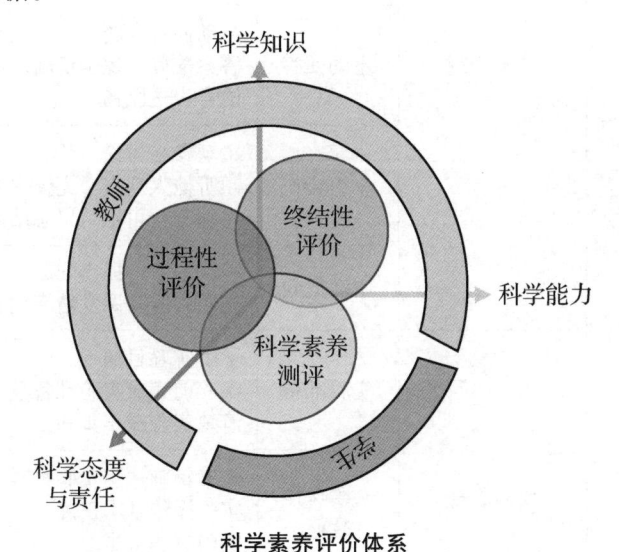

科学素养评价体系

学校科学素养评价体系从学生高一入学启动，直至高三毕业结束。过程性评价和终结性评价以学期为单位，主要由各个学科教师完成。科学素养测评以学生入学为测评起点，每学期期末进行一次测评，高三仅学年末测评，共6次。

过程性评价与终结性评价有机结合。过程性评价分为课堂表现、实验表现、阶段性作业、思维导图四部分。终结性评价包括阶段性测试、期中和期末考试。教师可以根据所教授学科特点，合理调整过程性评价指标细节以及各部分占整体评价的比重。

过程性评价与终结性评价相结合的评价方式

评价类型	一级指标	二级指标	三级指标
过程性评价	课堂表现	听课状态	按时出勤 认真听讲
		笔记记录	有笔记本或笔记系统 笔记记录完整 笔记内容准确
		主动回答	主动回答问题 答案准确，逻辑清晰 语言表达流畅
		小组合作	主动参与讨论 倾听他人观点，完善本人结果 主动进行讨论结果总结汇报
		主动提问	积极思考，提出问题 问题内容与课堂情境相关
	实验表现	实验准备	了解实验目的 实验前完成实验准备学案 清楚实验操作步骤
		实验操作技能	能够正确选用实验材料 实验操作基本正确 实验方法得当
		知识与知识运用	掌握实验原理 完成实验报告

续表

评价类型	一级指标	二级指标	三级指标
过程性评价	阶段性作业	课后作业	按时完成 作业整洁 正确率达标
		项目活动	目标明确 设计合理 内容充实 内容展示到位
	思维导图	内容	内容完整 内容正确 知识点安排逻辑合理 层级分级科学、清晰
		艺术设计	符号、图标使用得当 设计简洁
终结性评价	阶段性测试 期中考试成绩 期末考试成绩		

结合国内外科学素养测评方法及我国科学教育特点，学校科学素养测评从科学知识、科学能力和科学身份认同三个维度设定评价标准，每个维度又根据评价需要设定相应的细化评价指标。

(四) 构建"一核两层"的人才驱动模式

学校提出"用优秀的人教育下一代，培养出更优秀的人"，以此为核心构建了"一核两层"的人才驱动模式。近年，学校大量引进国内外优秀毕业生，这些科学教师均有过独立进行学术研究、开展科研实践的经历。经过学校的进阶培训，他们在科学教育的过程中能够更加倡导研究性教与学，不是把知识作为既定的东西教给学生，而是使教学成为探究的过程，不断拓宽学生视野、提高创新意识、养成科学精神。

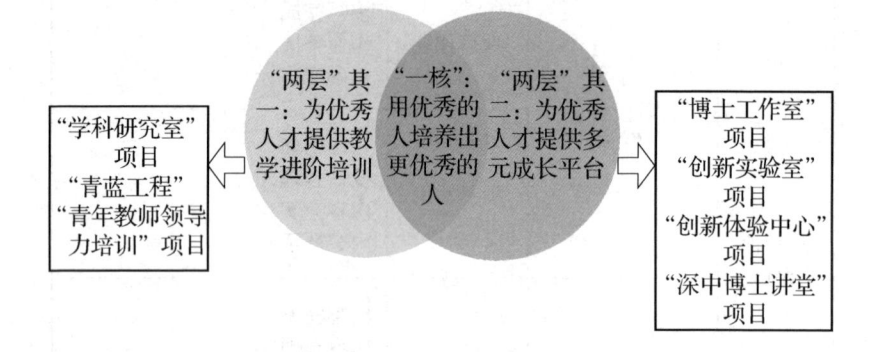

"学科研究室"项目 "青蓝工程" "青年教师领导力培训"项目 ← "两层"其一：为优秀人才提供教学进阶培训 | "一核"：用优秀的人培养出更优秀的人 | "两层"其二：为优秀人才提供多元成长平台 → "博士工作室"项目 "创新实验室"项目 "创新体验中心"项目 "深中博士讲堂"项目

"一核两层"的人才驱动模式

为优秀人才提供教学进阶培训。高学历教师有学术研究、科研实践优势，但更需要他们把优势转化为科学教育教学优势。为此，学校首创"学科研究室"项目，该项目整合了以青年教师为主体的项目制团队，旨在通过项目制活动，引导教师在科学教育过程中结合自己的专业优势，使教学成为一种探索、创造的过程。研究室的研究项目主要由课堂教学论文或专著阅读和分享、同课异构的研讨、项目式教学模式的推广等形式组成。同时，学校多育并举，助推青年科学教师专业发展。例如推出"青蓝工程"，为每个青年教师配备有经验的教学导师；推出"青年教师领导力培训"项目，安排青年教师进行各科创部门的跟岗实习等。

为优秀人才提供多元成长平台。学校在全国范围内首创项目制"博士工作室"项目，探索高水平人才组团式发展。首批成立的深圳中学博士工作室共7个，分别为丘成桐中学科学奖博士工作室、清华数学领军计划博士工作室、北大物理卓越计划博士工作室、清华物理攀登计划博士工作室、iGEM博士工作室、港澳课程研究博士工作室、科技创新博士工作室。同时,"深中博士讲堂"项目,以及由校内教师主持或负责的20多个"创新实验室"或"创新体验中心"项目,均为科学教师的职后培训提供了高视野、高规格、高质量的平台。借助这些平台,教师能够更好地启发学生的创造性思维,引领学生创造性地运用新知识、新方法。

(五)建立"大中衔接、校企协同"育人机制

学校积极融合资源、搭建平台,建立"大中衔接、校企协同"的育人机制。2012年,学校首次挂牌成立7个创新体验中心。2017年,规范了创新体验中心和创新实验室发展机制。此后,学校与大学、企业的联系不断加强。2023年,创新活动中心更名为科创教育中心,统筹创新体验中心和创新实验室的管理,整合现有资源升级硬件设施、完善课程体系、提升学生竞赛和活动水平。目前,学校与华为、腾讯等著名企业及清华、北大等著名高校共建近30个创新体验中心和创新实验室,由科创教育中心规划各实验室空间布局、课程设计、科技活动,聘请来自企业或高校的专家、学者为项目导师,携手培养科学创新人才。

| 凌云集：培养拔尖创新人才

企业
- 华为技术有限公司创新体验中心
- 腾讯创新体验中心
- 大疆创新科技有限公司创新体验中心
- 科大讯飞创新体验中心
- 中国广核集团清洁能源创新体验中心
- 中科院深圳先进技术研究院创新体验中心
- 华大基因研究院创新体验中心
- 深圳光启高等理工研究院创新体验中心
- 比亚迪新能源汽车创新体验中心
- 深圳建设银行创新体验中心
- 深交所证券创新体验中心

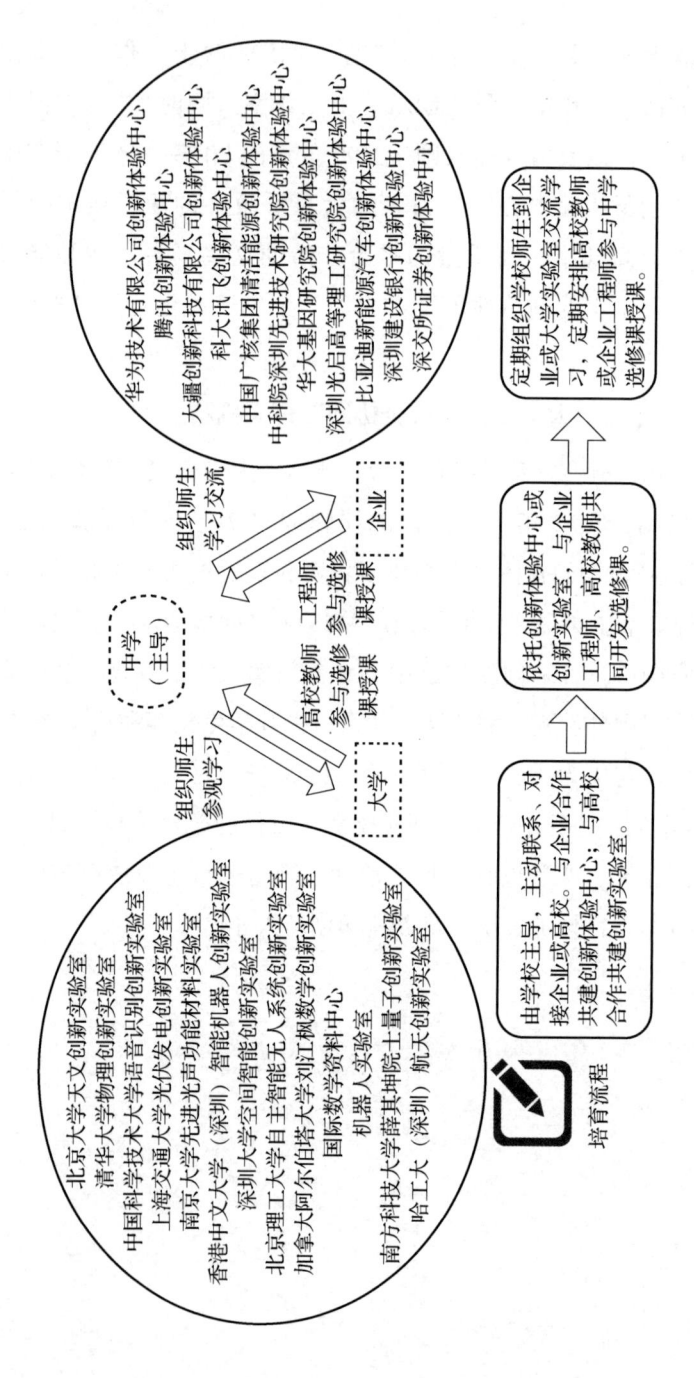

中学（主导）

组织师生学习交流 ⇄ 企业工程师 参与选修 课参与授课

组织师生参观学习 ⇄ 大学高校教师 参与选修 课参与授课

大学
- 北京大学天文创新实验室
- 清华大学物理创新实验室
- 中国科学技术大学语音识别创新实验室
- 上海交通大学光伏发电创新实验室
- 南京大学先进高功能材料实验室
- 香港中文大学（深圳）智能机器人创新实验室
- 深圳大学空间智能创新实验室
- 北京理工大学自主智能无人系统创新实验室
- 加拿大阿尔伯塔大学刘江枫数学创新实验室
- 国际数学资料中心
- 机器人实验室
- 南方科技大学薛其坤院士量子创新实验室
- 哈工大（深圳）航天创新实验室

培育流程
由中学校主导，主动联系，对接企业或高校，与企业合作共建创新体验中心；与高校合作共建创新实验室。

⇒ 依托创新体验中心或创新实验室，与企业工程师、高校教师共同开发选修课。

⇒ 定期组织学校师生到企业或大学实验室交流学习，定期安排高校教师或企业工程师参与中学选修课授课。

"大中衔接、校企协同"的育人机制

学校主导与合作大学或企业开发的科技创新课程

开发课程名称	合作单位
脑科学进校园	中国科学院深圳先进技术研究院
走进核电站	中国广核集团有限公司
深中-腾讯AI+	腾讯
Python编程与人工智能	腾讯
Python编程与智能硬件	腾讯
走进证券投资	深圳证券交易所
太阳能光伏发电与生活	上海交通大学
近代物理	南方科技大学
生活中的经济学	中国建设银行
网络安全基础	华为
Robomaster机器人与人工智能基础	大疆
走进新能源汽车	比亚迪
智能机器人	北京理工大学
天文学基础与前沿	北京大学

"大中衔接、校企协同"育人机制源自学校积极组织各类教育实践活动，学生前往大学、企业、医院、深交所、消防站、天文台等地，获得亲身参加调查、论证、实验、测试、制造、应用推广等项目培育活动的机会。在此过程中，通过学校主导的多方联动与资源整合，与各大学和企业合作共建创新实验室，将学生的创新探索拓展到了更为广阔的校外空间，真正实现"校园无围墙，课堂无边界"。进而，学校主导与合作大学或企业开发丰富多元的科技创新课程。这些课程均搭配了配套的场地、设备、师资等。例如：学校于2023年建成的深圳中学工程技术创新体验空间，占地逾800平方米，内部有机整合机器人、无人机、量子实验室、

比亚迪体验中心、清华大学物理创新实验室等多个空间，有助于教师在教学中开展学科融合和全链条整合，实现学生的跨学科学习和跨领域思考，不仅通过物理空间上的集聚提高了"科研密度"，而且提高了"创新浓度"。学校始终将科教融合的理念贯穿教育活动全过程，倡导"处处是创造之地，天天是创造之时，人人是创造之人"的教育思想，鼓励学生善于奇思妙想并努力实践，以创造之教育培养创造之才。

四、效果与反思

（一）学生科学素养显著提升

获得3枚国际数学奥林匹克金牌、2枚国际物理奥林匹克金牌和2枚国际化学奥林匹克金牌；获得82枚全国数学、物理、化学、生物、信息学奥林匹克金牌；学生百余人次获丘成桐中学科学奖金奖、iGEM金奖、中国国际"互联网+"大学生创新创业大赛全国总决赛萌芽赛道创新潜力奖等国内外大奖，千余人次获国内外科创竞赛奖；255人被清华大学、北京大学录取，全省第一；国际部73人被哈佛大学、普林斯顿大学、麻省理工学院等U.S. News全美前10的大学录取，792人被U.S. News全美前50的大学录取，录取率93.5%；33人被牛津大学、剑桥大学录取，144人被英国G5精英大学录取。

40年间，学校培养了诸多的享誉全国的科创界校友：腾讯公司创始人之一、首席执行官马化腾（1989届），腾讯公益慈善基金会发起人、陈一丹基金会发起人陈一丹（1989届），深圳青铜剑科技股份有限公司董事长、深圳基本半导体有限公司创始人汪之涵（1999届），深圳光启高等理工研究院院长、光启技术股份有限公司董事长刘若鹏（2002届），AI机器人公司Covariant联合创始人段岩（2011届），等等。他们作为不同阶段的杰出校友代表，为国家科创发展贡献了深中力量。

（二）教师科学教育成果丰硕

教师团队在科学教育领域表现出极高的热忱和专业素养，取得一系列瞩目成果。学术论文方面，在《人民教育》《中小学管理》等中文核心期刊发表论文20余篇，在SCI收录的国际期刊上发表论文10余篇，这些论文涵盖了科学教育的多个领域，提出了许多富有洞察力的观点和具有实践指导意义的策略。著作和教材方面，出版《数学建模下的项目学习》《像生物学家一样思考》等著作和教材30余部，其中不乏具有广泛影响力的佳作。

课程建设方面，获2018年广东省校本课程建设成果一等奖。课题研究方面，教师团队积极参与课题研究，为教育改革和实践贡献智慧，"STEM教师队伍建设研究——用专业学习社区发展STEM教师队伍的自我效能"等三个省级课题成功立项，并已顺利完成结题。这些课题研究成果不仅丰富了科学教育的理论体系，而且为教育实践提供了有力的指导和支持。此外，教师团队参与编写的教材获得了2021年全国优秀教材（基础教育类）二等奖。

（三）学校科学教育成果受到广泛认可

学校获深圳市市长质量奖特别贡献奖等荣誉近30项，入选世界顶尖科学家协会（WLA）世界顶尖中学联盟、北京大学数学后备人才基地、北京大学博雅人才共育基地（四星级）、北京大学优质生源基地、清华大学基础学科顶尖创新人才培养基地、清华大学优质生源基地、香港大学优秀人才培养合作中学、中科大基础学科（数理）人才培育基地、哈工大创新人才培养基地，毕业生屡获高校特等奖学金和优秀毕业生荣誉；获评团中央小平科技创新实验室、广东省优秀创客教育空间、深圳市中学生科技创新教育基地学校。

2024年深圳市第五届教学成果奖证书
（基础教育）

获奖成果：多元融合的高中科学教育探索与实践
获 奖 者：朱华伟、朱峰、张一驰、尤佳、胡楠、刘晓慧
获奖等级：一等奖
证书编号：JCJY-2024012

诺贝尔化学奖得主、世界顶尖科学家协会主席罗杰·科恩伯格访问学校后评价"这是我所见过、听说过最为非同凡响的中学，世界上独一无二"。菲尔兹奖获得者丘成桐及著名科学家薛其坤、施一公等在学校讲座和调研时对学校科学教育给予高度评价。《人民日报》等报道20余次，2021年3月18日《人民日报》以专题报道的形式介绍了学校"作业成产品，课堂到现场"的科学教育理念和实践成果。2023年12月31日，《南方日报》发起的深圳教育高质量发展项目评选活动公示，学校"打造创新空间，赋能拔尖创新人才"项目获卓越奖。学校还积极帮扶薄弱地区，向新疆、贵州同步科学课程，开办集团校9所，辐射科学教育成果。

2023年12月

作者：朱华伟，朱峰，张一驰，尤佳，胡楠，刘晓慧

本成果获深圳市第五届教学成果奖一等奖

附录 4

创新教育结硕果　这个深圳中学生获丘成桐中学科学奖全球总冠军

12月12日—13日在清华大学举行的2020丘成桐中学科学奖总决赛上，来自深圳中学的学生黄飞扬获得丘成桐中学科学奖（化学）金奖，并从六个单项金奖获得者中脱颖而出摘取年度总冠军——科学金奖。

深圳中学派出的3支队伍，从来自北京、上海、广东等13个省（市、自治区）及美国、新加坡、印度等国家的92支决赛队伍中脱颖而出，共获得年度全球总冠军科学金奖，单项金奖一个，铜奖一个，优胜奖一个，创造深圳中学历史最佳成绩。

傲人成绩的取得并非一朝一夕，而是来自深圳中学科学系统的设计、脚踏实地的落实和日积月累的坚持与探索，更是源自深圳中学对"创新教育"的坚持和深入。

"青年诺贝尔奖"备受瞩目，科学金奖来之不易

丘成桐中学科学奖（简称"丘奖"）素有"青年诺贝尔奖"的美誉，涵盖数学、物理、化学、生物、计算机及经济金融建模六个学科。今年，"丘奖"共有来自中国内地26个省（市、自治区）、港澳台地区及美国、英国、印度等17个国家400余所中学的1 500余支团队、近1 700名学生报名参赛，共提交有效论文900余篇。

经初筛、函评、桌评等程序，内地13个赛区、亚洲赛区、美

国赛区共评选出252支团队入围半决赛。经过半决赛，来自中国内地的72支学生队伍，9支亚洲赛区团队和11支美国赛区团队，从1570余支报名队伍中脱颖而出，获得参加总决赛的"入场券"，占比不到总参赛队伍的6%。总决赛在数学、物理、化学、生物、计算机及经济金融建模六个方向决出了科学金奖一组，单项金、银、铜奖和优胜奖各十余个团队。

获得丘成桐中学科学奖（化学）金奖，并从六个单项金奖获得者中脱颖而出摘取年度总冠军——科学金奖的黄飞扬表示，"丘奖"鼓舞了他去尝试在课业学习之外的科研活动，去体会科学，同时让其提前对科研有了一个清晰的认识。"在参赛过程中，我和世界各地的专家探讨有趣的科学问题；从初赛到决赛，每一次的答辩经历都令我醍醐灌顶，受益匪浅。"黄飞扬说："这次经历使我认识到科研需要的知识储备，鼓励我从现在开始夯实数理基础，为未来做足准备。"

左起：丘成桐教授、黄飞扬、清华大学王希勤副校长、杨乐院士

此外，李劲鹏、董行芷、杨皓天团队获得本次比赛的经济金

融建模铜奖。他们以新冠疫情期间餐饮行业所受影响及恢复状况为主题,从点评数据分析的角度进行了实证分析研究。

创新教育催开胜利花朵

深圳中学致力于培养具有中华底蕴与国际视野的拔尖创新人才。自2017年提出新的办学定位"建设中国特色世界一流高中"以来,深圳中学围绕"建设世界一流师资队伍"的战略目标,聚焦高端,不断优化师资力量,为学生搭建"多元发展立交桥"。

在科技创新教育工作中,学校挖掘多方资源,营造了良好的科研氛围和学习环境。截至目前,深圳中学已与国内著名高校、企业共建了19个创新实验室和创新体验中心,涉及数学、物理、生物、天文、能源、人工智能等多个专业领域。如北京大学天文创新实验室、清华大学朱邦芬院士工作站、南京大学先进光声功能材料实验室、上海交通大学光伏太阳能发电创新实验室,还有华为、腾讯、大疆、中广核等企业在深中建设的创新体验中心。依托这些创新实验室和创新体验中心,学校开设了十几门创新类选修课程,并为十余个科技创新类社团提供了多元的活动平台。丰富的课程和精彩的活动为学生提供了创新的土壤,高水平的引领与亲身参与的科研实践体验孕育着学生科学的种子。

近年来,深中学子在国内外各级各类创新竞赛中屡创佳绩。除了今年取得的优异成绩,2019年,深圳中学生物学、信息学竞赛实现全国金牌及集训队零的突破,五大学科竞赛共有14人获全国金牌、9人入选国家集训队,均位列全省第一、全国前列。2018年,深圳中学杨天骅、薛泽洋两位同学在第49届国际物理奥林匹克(IPhO)中同获国际金牌,聂翊宸同学在第50届国际化学奥林匹克(IChO)中荣获国际金牌——获金牌人数位列全国第一，创造了广东省内一所学校同年获得 3 枚国际奥林匹克金牌的最高纪录。2020 年优势更加明显，各项数据在省内领先。值得一提的是，高二彭也博同学在今年的全国数学冬令营比赛中，以总分第一的优异表现入选国家集训队。

改革开放四十年，勇立潮头再出发。作为深圳基础教育的名片，深圳中学将继续发扬"敢闯敢试、敢为人先、埋头苦干"的特区精神，用"建设中国特色世界一流高中"坚定踏实的行动，回应党和国家的殷切召唤，回馈城市和社会的热切期待，为中华民族的伟大复兴贡献一份力量。

——本文刊发于《人民日报》客户端广东频道 2020 年 12 月 18 日

附录5

深圳中学探索创新教育新路径

今天（3月18日），人民日报在文化新闻版大篇幅报道了深圳中学的创新教育——该校构建多元课程体系，并打开校门借力外部资源创建多个创新实验室和创新体验中心，探索出一条创新教育的新路径。记者获悉，除了这所腾讯主要创始人之一马化腾等知名企业家、创业者的母校以外，如今，在"创新之都"深圳，创新实践在基础教育阶段各中小学蓬勃开展，自己动手做出作品交作业，已经成了很多中小学生的日常。

新学期开学近1个月，深圳中学新校区内已是繁花似锦、百鸟争鸣。由高二年级国际班学生组建的电气工程社，在人来人往的校园摆起了摊，售卖社员们自行研制生产的蓝牙音箱，竟获得不少同学的青睐，短短几天，已经卖出了25台。

"不务正业？在深圳中学这样一个环境里，没人这样说我们！你以为高中生的学习，就是成日埋头刷题背书吗？"社长何楚宁一句不失礼貌的笑问，令来访的记者哑口无言。

确如何楚宁所说，在深圳这样一个"创新之都"，词山题海早已不是绝大多数中学的正确"打开方式"。拿当地最好的中学之一深圳中学来说，自己动手搞创新，做出东西交作业，已经成了很多中学生的"基本功"。

"创新之都"的名号，只能代表深圳的昨天和今天；"hold住"这座城市未来二三十年的科创优势，必须从眼前这帮孩子抓起。在这样的共识下，深圳中学通过文凭课程的开发，构建多元课程体系；并打开校门，借力外部资源创建19个创新实验室和创新体验中心，探索出一条创新教育的新路子……

课改：夯实创新的实践能力

电气工程社同学的小成功，和深圳中学通用技术教师何柳婷的教学、指导分不开。早在2019年入职深圳中学的第一个学期，她就在给高一年级开设的选修课"产品设计创意初体验"中，要求学生设计一个"可供盲人使用的电热水壶"。

"你别小看这个水壶，设计它分好几个步骤，从产品定位、用户研究，到竞品分析、创意发散，直到最终的产品呈现，每一步都不能打折扣。而且这一项作业，就占课程学分的70%。"何柳婷说。

可不是嘛！在上过这门课的学生李翀看来，完成这项作业不亚于经受一次魔鬼训练。他们要蒙上眼睛，体验盲人倒水的困难，来发现普通电热水壶的不足；为了改进电热水壶，首先要了解它的内部结构和工作原理，为此，不知道把水壶拆装了多少遍；了解了人的需求和物品的特性后，头脑风暴提出各种改进建议；先学习三维建模软件，然后画出草图，再倒回到软件中进行渲染模拟……"实际上走完了产品设计专业本科生做一个项目需要的整个流程。"

虽然对于刚步入高中阶段的学生来说，这个作业难度超乎想象，但李翀小组的成果，还是令何柳婷大感惊喜："有图有真相"的轻型杠杆设计，帮助盲人识别水是否装满；针对盲人难以对准水壶的底座，底座加装了特殊磁铁；为防水开后壶口蒸汽烫伤盲人的手，特别设计了会自动报警的感应器……

随着近年来国家对创新驱动的空前重视，创新教育从高校"下探"到广大中小学。然而，或许是观念所限，或许是实际条件

附　录

制约，在各类学校中如火如荼的创新教育，常常流于"从书本到书本"——知识听在课堂里，作业写在纸面上。

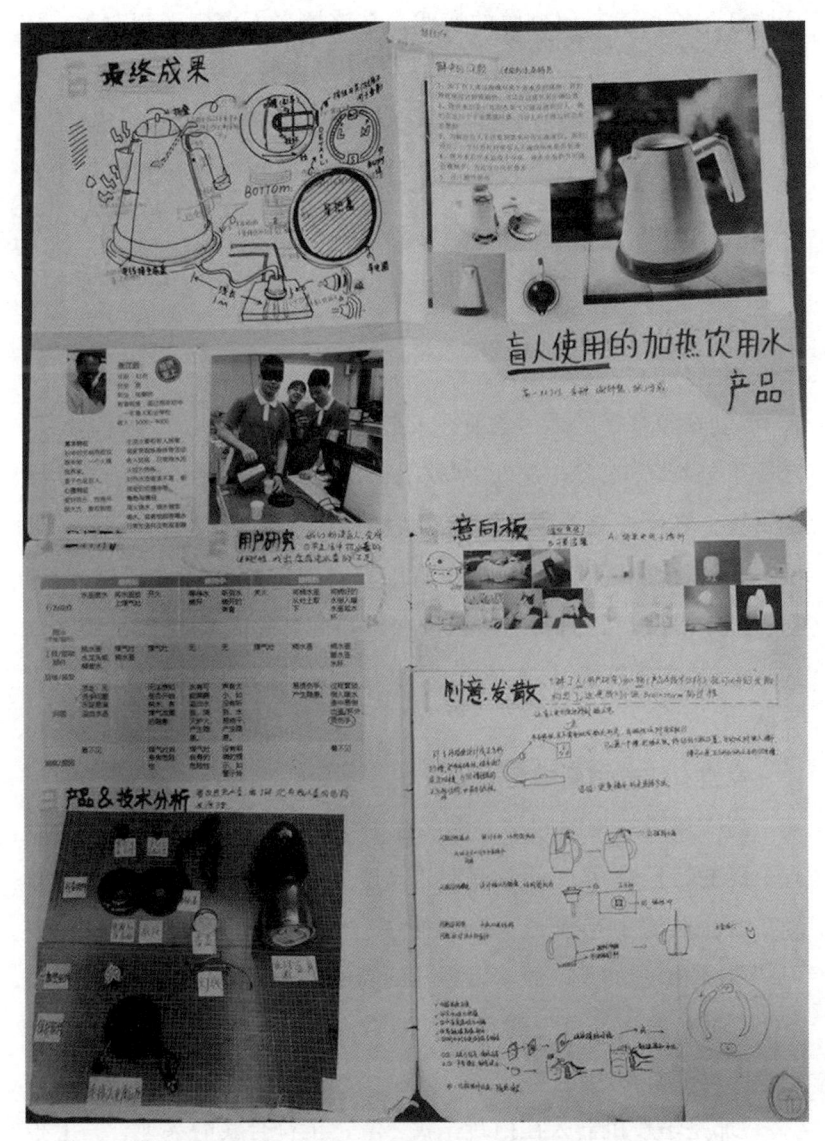

学生"产品设计创意初体验"课程作业报告

"让大家发现身边的问题,通过设计并制作产品来解决问题,才能锻炼学生的动手能力和创新能力。"正如深圳中学创新活动中心主任朱峰所言,何柳婷的实践,是该校深入探索课程改革,让创新教育"从虚拟走向实景"的一个生动缩影。

通过创新课程模式,深圳中学构建了多元课程体系,供不同需求、不同特质的学生入校时自主选择。课程在设计和实施中都融入了大量实践式、体验式内容;对此,学习除了保障课室、设备外,还有专门导师跟进指导。学习过程中,除了听讲跟学、书面习题以外,独立动手或组队合作完成规定的实践作业,常常占到课程学分的30%~40%。

"创新教育走的是一条前人未走过的道路,因此本身就需要不断改革创新。"对此,深圳中学校长朱华伟一语道破,对创新实践的重视,和学校培养拔尖创新人才的目标相统一。"拔尖创新人才所必备的许多重要素质,是在基础教育时期培养和发展出来的。初、高中阶段,我们就应该积极探索与之相适应的培养机制和模式,建构一个符合人才成长规律并与高等教育接轨的完整教育链。"

竞赛:培养创新的竞争意识

高二年级的连续同学,不仅有一个特别的名字,也有一些颇有个性的特长爱好。"小学就对乐高产生兴趣,学着制作相对比较复杂的小装置、小机器人;到初中就已经掌握了一些简单的编程。"让他惊喜的是,原本以为升到高中忙于课业,不得不暂时放下心爱的机器人,没想到高一入学第一周,就收到了班主任发在班级群里的"招新通知"。

"那是学校机器人社招新,我一看,正符合我的兴趣,马上报了名。"令连续感慨的是,学校不仅给社团实践活动提供专门的课室、机房、机床，必要的机器人套件、材料，还有老师随堂指导。

2019年，学校选拔一批学生组队，参加第十届VEX亚洲机器人锦标赛。连续和当时同在高一（17）班的王司然一起入选B队，先后斩获中国区选拔赛一等奖和韩国首尔决赛铜奖。

"参赛时，我们的机器人出了点问题，程序设计是直行的，它实际走的时候总是变成曲线，让我们好一阵着急。幸好指导我们的朱峰老师及时发现，问题出在右侧底盘为减少摩擦加的一个金属垫片上。后来大家一齐动手给左侧也作了调整，把距离加宽到和右侧对称，反复调试终于排除了故障。"回忆起参赛时的惊险，两人仍兴奋不已。

在深圳中学，像王司然、连续这样特长突出的学生并不是"另类"。事实上，有不少学生都是一两个创新社团的成员；以社团实践为载体，积极参与学科竞赛，进一步强化创新的竞争意识和实践能力。

围绕"建设中国特色世界一流高中"的办学目标，深圳中学以建校70周年为契机，持续推进课程改革，形成以多元课程为"主体"，以社团活动和学术活动为"两翼"的创新教育模式，短短几年结下了累累硕果：2018年，杨天骅、薛泽洋两名同学在第49届国际物理奥林匹克中同获国际金牌，聂翊宸在第50届国际化学奥林匹克中获国际金牌；2019年，在五大学科竞赛中，14人获全国金牌，7人入选国家集训队；2020年，该校黄飞扬夺得丘成桐中学生科学奖全球唯一的科学金奖，李昊轩和他的团队获第六届中国国际"互联网+"大学生创新创业大赛全国总决赛萌芽赛道创新潜力奖，彭也博以全国总分第一的绝对优势入选国家集训队……

共建：强化创新的开放精神

"浓缩在高交会这50万平方米的空间里，有5G速度的可视化——8K+5G显示屏，呈现画面自然得宛如人眼观测一般；有论文白纸黑字的亲和感——促进人体组织修复的PRP再生因子医用血浆已经成熟至可以无排异风险地愈合大面积创伤，达到'安全、精准、有效'的应用效果；有人脸识别技术的前卫感——我们作为高中生已经可以通过简单程序操作重拟、预判人脸，用一张正脸照片修改成多参数调控的不同照片；有仿生技术的智能化——仿生鱼已经可以投入商业使用，且灵敏度、耗能环保等多方面达到了尊称世界前沿的程度……"

2020年11月13日，深圳中学实验体系生物教师尤佳带着10多名学生，走进了第二十二届深圳高交会的现场。来自高二（18）班的任言希经过一下午的参观体验，写下了上面的感触。

创新，十分依赖于合作与交流，在中学开展创新教育，视野也绝不能局限于校内。朱华伟告诉记者，深圳中学依托地缘优势和校友力量，挖掘多方资源，与国内著名高校、企业共建了19个创新实验室和创新体验中心，内容涉及数学、物理、生物、天文、能源、人工智能等多个专业领域；依托这些校外资源和合作平台，开设了十几门创新类选修课程，并为十余个科技创新类社团提供了多元的活动平台。

2020年，学校与腾讯合作开发的"深中-腾讯AI"课程受到广大学生的追捧，成为年度最"热"课程。在该门课上，学生能与腾讯的专家面对面交流学习，获取最前沿的领域知识。"一方面对学生来说，让他们不断强化开放的精神，真切体会到创新是一项离不开交流和互动的事业；另一方面对我们老师来说，也是一个了解学科前沿最新变化，不断给自身充电的过程。"尤佳说。

——本文刊发于人民网2021年3月18日

附录6

巴黎奥运会花泳冠军"姐妹花"做客深中对话学子

开学就是大场面！9月11日，由广东省教育厅、广东省体育局指导，深圳市教育局、深圳市文化广电旅游体育局主办的"2024年奥运冠军走进深中校园"活动在深圳中学新校区举行。来自深圳本土的巴黎奥运会花样游泳集体项目冠军、双人项目冠军王柳懿和王芊懿两位"姐妹花"来到深中，与师生零距离互动交流，为大家展示奥运夺冠"绝技"。

奥运冠军与深中学子交流

在今年的巴黎奥运会上，中国体育代表团取得了40金27银

24铜的优异成绩,来自深圳的12位健儿为国争光、为深圳添彩,共获得2金1银1铜,其中就包括从小在深圳学习、生活的王柳懿、王芊懿,她们帮助中国队包揽花样游泳集体项目和双人项目两项冠军,实现中国队在以上两个项目的历史性突破。

当天下午,王柳懿、王芊懿走进深中校园,参观了深中校史馆、图书馆、文化墙等地。在接受采访时她们表示,这是她们第一次来深圳中学,感觉校园氛围特别好,图书馆、文化墙等硬件设施给学生带来很多正能量,校史馆展览的深中学子获得的各学科奥林匹克金牌令她们印象深刻。此次与深中学子交流,她们希望能把自己在训练、比赛过程中的一些经验,尤其是调整心态的经验分享给同学们。

朱华伟校长表示:"我一直强调,深中如果培养不出世界冠军,培养不出世界著名运动员,我们这个一流高中是要打折扣的。"他希望深中学子以王柳懿和王芊懿两位奥运冠军为榜样,用中华体育精神和奥林匹克精神点燃青春梦想,塑造顽强的意志、包容的心态和团队合作的品质,努力成长为德智体美劳全面发展的栋梁之材,为国争光,为世界作贡献。

现场精彩问答

问:同时参加双人和集体两个赛项,如何做好平衡?

答:兼项确实需要更多的训练时间。仅仅完成教练安排的训练是远远不够的,所以我们只能早出晚归,用多一倍的时间去训练。

问:花样游泳是一项非常需要团队配合的运动,队员间如何建立默契,共同进步?

答:大家会花很多时间一起训练,基本上吃住也在一起。我们俩住一个房间,能有效培养默契。赛前我们每天要一起训练8

到 10 个小时，一次次磨合。到了奥运会前，整个团队不管是身体还是心理，都感觉进入一种合体的状态。

问：请问是胜利重要还是过程重要？

答：可能很多人会觉得，胜利就是一种结果。其实日常中有更好的发挥，每天进步一点点，也是一种胜利。过程是通往胜利的必经之路，两者都非常重要。

问：这一次参加奥运会，最难忘的瞬间是什么？是夺冠的那一刻吗？

答：当得知成绩、站上领奖台那一刻，感觉自己以及团队所有人的付出都有了结果。我们没有辜负大家的努力，能够回报祖国，那是整个运动生涯中最难忘的一刻。

问：遇到挫折的时候，如何相互鼓励、相互支持？

答：因为我们俩一直都在一起训练、比赛，对方有一点失落的情绪都能很快感觉到。我们不会直接、直白地鼓励或安慰，而是会比较委婉的，用适合对方的方式去鼓励她，这样会起到更好的效果。其实只要自己的目标没有变，失落也只是一时的，最终还是能够收拾好心情，重新上路。

问：能否给青年学子一些鼓励？

答：深中的学生都非常优秀，大家只是在不同的领域、不同的赛道上努力并取得成绩。在这里，看到大家朝气蓬勃充满活力的样子，就感觉看到了国家未来的希望。大家都还在青春期，对自己的未来可能还比较迷茫。希望在学习之余，多跟自己内心进行深入交流，了解自己未来的规划，包括自己的梦想是什么，怎么样去达成，这样才能成为更好的自己。

问：在通往冠军的道路上，有没有出现过放弃的想法？

答：相信所有运动员在通往高水平的路上，都有过放弃的想法，尤其是面对伤痛、瓶颈时，但只要内心有一颗梦想的种子，无论如何都不会放弃。

问：有没有缓解赛场紧张的方法？

答：一方面，我们把训练当作比赛，把比赛当作训练，到了真正上赛场的时候，就不会紧张。紧张是源于自己没有做到位，对赛场的不确定性把握不够，只要做足了准备，就会有信心，不会紧张。这跟大家学习是一样的，如果把所有练习、作业都做好了，所有知识都学通弄懂了，在考场上也就不会紧张。另一方面，建议大家要保证充足的睡眠，这是比较好的缓解方法，而不是考前开夜车，临时抱佛脚。

——本文刊发于《广州日报》2024年9月13日